HEYNE SACHBUCH

W0397728

Doris Märtin

Karin Boeck

EQ – Gefühle auf dem Vormarsch

Wie die emotionale Intelligenz unseren Erfolg bestimmt

Originalausgabe

Wilhelm Heyne Verlag

München

HEYNE SACHBUCH
19/488

Redaktion: Redaktionsbüro Dr. Andreas Gößling, Oliver Neumann

Umwelthinweis:
Dieses Buch wurde auf chlor- und säurefreiem Papier gedruckt.

3. Auflage
Copyright © 1996 by Wilhelm Heyne Verlag GmbH & Co. KG, München
Printed in Germany 1996
Umschlaggestaltung: Atelier Adolf Bachmann, Reischach
Satz: ew print & medien service gmbh, Würzburg
Druck und Verarbeitung: Presse-Druck Augsburg
ISBN: 3-453-11575-9

Inhalt

Teil 1

Was heisst schon intelligent?

Wider die bloße Vernunft

Wie schafft es ein ehemaliger, zweitklassiger Schauspieler, Präsident der Vereinigten Staaten zu werden? Wie wird ein Spätzünder und Schulversager zum Erfinder der Relativitätstheorie und Nobelpreisträger? Und warum finden hochbegabte Kinder ihren Weg im Leben oft nur schwer?

Was bei keinem Klassentreffen zu übersehen ist, kann jetzt endlich auch wissenschaftlich bewiesen werden: Gute Noten in der Schule und ein hoher Intelligenzquotient allein reichen nicht aus. Der private und berufliche Erfolg im Leben wird zu 80 Prozent von ganz anderen Faktoren bestimmt. Zu ihnen gehören die soziale Herkunft, eine Portion Glück, vor allem aber der intelligente Umgang mit eigenen und fremden Gefühlen.

Wenn man sich die große Vielfalt der Leistungen bewußt macht, die in der Welt geschätzt werden, verwundert das nicht. Als erfolgreich gilt heute eben nicht mehr nur der klassische Akademiker – der Astrophysiker, die Genforscherin oder der Universitätsprofessor.

Zu den Helden unserer Tage gehören ganz genauso der Trouble-Shooter, der innerhalb kurzer Zeit ein marodes Unternehmen wieder auf die Beine stellt; die Sportlerin, die die Niederlage vom Vortag wegsteckt und beim nächsten Wettkampf einen neuen Weltrekord aufstellt; die Studentin, die einen aidskranken Studienfreund durch die letzten Wochen seines Lebens begleitet; der Polizeipsychologe, der einen Geiselnehmer zur Aufgabe bewegt. Niemand wird bestreiten, daß alle diese Leistungen intelligentes Verhalten und ein hohes Maß an Kompetenz erfordern.

Das aber heißt, daß wir den traditionellen Intelligenzbegriff neu überdenken müssen. In einer zunehmend komplizierten und verflochtenen Welt muß Intelligenz mehr umfassen als Abstraktionsvermögen, formale Logik, das Verständnis komplexer Zusammenhänge und ein breites Allgemeinwissen. Nämlich auch Eigenschaften wie Kreativität, Organisationstalent, Engagement, Motivation, psychologisches Geschick und Menschlichkeit – emotionale und soziale Fähigkeiten also, die man früher altmodisch als »Charakter« oder »Persönlichkeit« bezeichnet hat.

Ich fühle und denke, also bin ich

Zu allen Zeiten haben Philosophie, Medizin und Psychologie nicht nur nach Erklärungen für die Funktionsweise des Verstandes, sondern auch für den Ursprung und die Wirkung von Gefühlen gesucht.

Eine kurze Geschichte der Emotionsforschung

Bereits in der griechischen Antike formulierte der Kosmologe Empedokles (um 450 v. Chr.) in groben Zügen die Lehre von den vier Temperamenttypen Choleriker, Melancholiker, Sanguiniker und Phlegmatiker. Empedokles glaubte, der menschliche Körper bestehe wie alle irdischen Erscheinungsformen aus den vier Elementen Feuer, Erde, Luft und Wasser. Diese vier Elemente brachte er mit vier Körpersäften in Verbindung: rote und schwarze Galle, Blut, Schleim.

Empedokles legte damit die Grundlage für eine Psychologie, die in der Hauptsache von den Körperflüssigkeiten bestimmt wurde. Sie assoziierte die warme und trockene rote Galle, *choler*, mit dem Feuer; die schwarze Galle, *Melancholie*, mit der kühlen und trockenen Erde; das heiße, feuchte Blut, *sanguis*, mit der Luft; und den naßkalten Schleim, *Phlegma*, mit dem Wasser.

Die übermäßige Ausbreitung eines dieser Säfte im Körper galt als Ursache von bestimmten seelischen Zuständen und charakterlichen Anlagen: Bis heute sind uns der reizbare, aufbrausende Choleriker, der pessimistische, schwermütige Melancholiker, der offene, witzige Sanguiniker und der schwerfällige, träge Phlegmatiker ein Begriff.

Die Psychologie der Renaissance – allen voran Robert Burton mit seiner dreibändigen *Anatomy of Melancholy* – erweiterte und verfeinerte diese Systematik. Burton und seine Zeitgenossen stellten die These auf, daß die Zusammensetzung der Körpersäfte und damit der Seelenhaushalt des Menschen durch äußere Einflüsse wie die Ernährung, das Lebensalter und die Leidenschaften beeinflußt würden. Sie vermuteten zum Beispiel, daß kalte und trockene Leidenschaften wie Trauer und Furcht die Milz veranlaßten, einen Überschuß an schwarzer Gallenflüssigkeit zu erzeugen und zur gleichen Zeit das Herz zu verengen. Als Gegenspielerin solcher niederen, animalischen Seelenkräfte galt die Vernunft, die den Menschen zur Urteilskraft und zur Unterscheidung von Gut und Böse befähige.

Ein anderer Meilenstein der Emotionspsychologie war eine Veröffentlichung von Charles Darwin, *Der Ausdruck der Gemütsbewegungen bei Menschen und Thieren* (1872). Darwin versuchte hier nachzuweisen, daß es für die wichtigsten Emotionen wie Freude, Trauer, Ärger oder Furcht angeborene Verhaltensschemata gibt. Er beobachtete, daß bestimmte Gefühle bei allen Menschen ähnliche mimische, stimmliche und physiologische Reaktionen auslösen. Beispielsweise sinkt bei den meisten Menschen die Hauttemperatur ab, wenn sie traurig oder deprimiert sind, während Zorn und Aggression mit Hitzewallungen einhergehen.

Auch Darwin brachte also emotionales Erleben in einen Zusammenhang mit biologischen Komponenten. Mit der Entstehung der Psychologie als Wissenschaft in der zweiten Hälfte des 19. Jahrhunderts trat dieser biologische Ansatz der Emotionsforschung für lange Zeit in den Hintergrund. Die Psychologie interessierte sich bis vor kurzem nämlich nur am Rande dafür, wie sich seelische Prozesse auf physikalische und biochemische Prozesse im

Gehirn zurückführen lassen, erforschte statt dessen in erster Linie das Verhalten, das sich äußerlich beobachten läßt. Bis in die achtziger Jahre hinein stellten die physiologischen Wahrnehmungsprozesse in der Psychologie *black boxes* dar. Seit Freud gelten Umwelt und Erziehung, frühkindliche Erfahrungen und kulturelle Sozialisierung als die entscheidenden Faktoren für die Herausbildung von Persönlichkeit und Charakter. Die Neurobiologie der Gefühle spielt in fast allen Emotionstheorien eine nebensächliche Rolle.

Dabei gelang es den Physiologen und Neurowissenschaftlern in der gleichen Zeit, das Wissen über die neuronalen Grundlagen emotionalen Verhaltens immens zu erweitern. Ihre Forschungsergebnisse fanden jedoch bei den Psychologen und in der breiten Öffentlichkeit wenig Beachtung.

Auf einen vereinfachten Nenner gebracht: Wo die Medizin und die Neurowissenschaften Experimente mit dem menschlichen Gehirn anstellten, befaßte sich die Psychologie vor allem mit der Beobachtung, Messung, Klassifizierung und Therapierung menschlichen Verhaltens. Berührungspunkte zwischen den Gehirnforschern und den Psychologen gab es kaum; Psychologen und Biologen sind – wie Howard Gardner schreibt – »Bürger verschiedener Welten«.

Der Fall Elliot: wissen, ohne zu fühlen

Das wird sich in Zukunft ändern müssen. Mittlerweile hat die Hirnforschung nämlich hieb- und stichfest nachgewiesen, daß sich emotionale Prozesse genauso wie kognitive durch das Zusammenspiel von Hormonen und Neuronen erklären lassen. Alles, was wir fühlen und denken, ist das Ergebnis komplexer Assoziations- und Interaktionsvorgänge der Nervenzellen des Gehirns, das seinerseits durch Nervenfasern und Hormone mit dem Immunsystem und den Körperdrüsen kommuniziert. Mit dieser Erkenntnis bestätigt die Neurobiologie, daß frühe Wissenschaftler wie Empedokles, Burton und Darwin mit ihren Theorien auf der richtigen Spur waren.

Zu denen, die die eindrucksvollsten Beweise für das Zusammenspiel von Verstand und Gefühl liefern, gehört der amerikanische Neurologe Antonio Damasio. Einer der Patienten Damasios, Elliot, war der Prototyp des erfolgreichen Amerikaners – bis er einen Gehirntumor im Stirnhirn bekam. Die eigentlich gutartige Geschwulst konnte zwar entfernt werden, allerdings nicht, ohne die Stirnlappen des Neokortex in Mitleidenschaft zu ziehen.

Nach der Operation war Elliot in vielerlei Hinsicht nicht mehr derselbe: Er konnte seine Zeit nicht mehr einteilen, verbiß sich in nebensächliche Detailfragen, verlor einen Job nach dem anderen, stürzte sich in finanzielle Abenteuer, seine erste und kurz danach eine zweite Ehe gingen in die Brüche. Trotzdem absolvierte er die herkömmlichen Intelligenztests weiterhin mit Erfolg. Sein Intelligenzquotient lag im oberen Bereich. Auch sein Gedächtnis, sein Auftreten und seine Sprache hatten offensichtlich nicht gelitten. Wenn aber Gedächtnis, Intelligenz und Sprache intakt waren, worauf war das beeinträchtigte Sozialverhalten und Urteilsvermögen Elliots dann zurückzuführen?

Damasio stand vor einem Rätsel. Hellhörig machte ihn schließlich die merkwürdige Teilnahmslosigkeit Elliots angesichts seiner eigenen Tragödie: »*Wissen, ohne zu fühlen* – so könnte man Elliots mißliche Situation vielleicht zusammenfassen.« Durch die Verletzung im Stirnlappen waren die neuralen Verbindungen zwischen dem denkenden und dem fühlenden Gehirn beschädigt – Elliot war von seinen Emotionen buchstäblich abgeschnitten.

Es gehört zu den Allerweltsweisheiten, daß Gefühle das Denken stören: Wenn wir »blind vor Zorn«, »gereizt wie ein Stier« oder »der Liebe verfallen« sind, dann wird schon sprachlich deutlich, daß Vernunft und Maß in solchen Situationen keine Chance haben. Untersuchungen an Patienten wie Elliot haben Damasio auf die Idee gebracht, die Sache einmal anders herum zu betrachten: Kann nicht auch ein *Mangel* an Gefühlen eine Ursache für irrationales Verhalten sein?

In den letzten Jahren häufen sich die Beweise dafür, daß Fühlen, Denken und Entscheiden eine Zusammenarbeit des emotionalen und des rationalen Gehirns voraussetzen. Die Neurowissenschaften haben damit die Jahrtausende alten Dualismen von Körper und Seele einerseits und von Verstand und Gefühl andererseits ein für allemal widerlegt. Diese Erkenntnisse werden über kurz oder lang die Psychologie ebenso wie die Behandlung psychisch Kranker revolutionieren.

Konkurrenz für den IQ

Gleichzeitig ist die Intelligenzforschung heute dabei, ihrerseits den Abschied von der überholten Segmentierung in Denken und Fühlen einzuleiten. Psychologen wie Robert Sternberg, Howard Gardner und Peter Salovey ist es zu verdanken, daß sich ein stark erweiterter Intelligenzbegriff zu etablieren beginnt. Die Vorstellung von den multiplen Intelligenzen ist dabei, den einseitigen, abstrakt-akademischen Intelligenzbegriff abzulösen, den Alfred Binet, der Vater der IQ-Tests, vor einhundert Jahren in den Köpfen verankerte.

So stellt der Yale-Psychologe Robert Sternberg neben die analytische Intelligenz die kreative und die praktische Intelligenz, die darüber entscheiden, wie gut wir auf neue Herausforderungen reagieren und mit den Anforderungen des wirklichen Lebens zurechtkommen. Noch einen Schritt weiter geht Howard Gardner, der sieben verschiedene Intelligenzen unterscheidet. Zu ihnen gehören zum Beispiel die linguistische Intelligenz der Simultandolmetscherin oder des Bestsellerautors, die musikalische Intelligenz von Beethoven oder Maria Callas, die körperlich-kinästhetische Intelligenz der Eiskunstläuferin und Olympiasiegerin Oxana Bajul oder des Tennisprofis Pete Sampras.

Die fünf Bausteine der emotionalen Intelligenz

Eine besondere Rolle mißt die moderne Intelligenzforschung dem Wissen um sich selbst und der Sensibilität gegenüber anderen zu, das Gardner als intrapersonale beziehungsweise interpersonale Intelligenz bezeichnet. Angesichts der Bedeutung der personalen Intelligenz im Berufs- und Privatleben wirft Gardner die Frage auf, ob sie nicht sogar über allen anderen Intelligenzformen anzusiedeln sei – »als umfassendere Intelligenzform; eine wahrhaft neue Intelligenz; eine Form, die letztlich die Kontrolle über Intelligenzen ›primärer Ordnung‹ zu übernehmen bestimmt ist«.

Anfang der neunziger Jahre prägten der Yale-Psychologe Peter Salovey und sein Kollege John Mayer von der Universität von New Hampshire für die interpersonale und intrapersonale Intelligenz das griffigere Wort »emotionale Intelligenz«. Emotionale Intelligenz umfaßt Qualitäten wie das Verstehen der eigenen Gefühle, Einfühlungsvermögen in andere Menschen und die Fähigkeit, Emotionen so zu steuern, daß sich die Lebensqualität verbessert.

Weltweite Aufmerksamkeit gewann das Thema allerdings erst durch den Harvard-Psychologen Daniel Goleman, dessen mittlerweile auch in Deutschland erschienenes Buch *Emotionale Intelligenz* allein in den USA innerhalb weniger Monate über eine halbe Million mal über den Ladentisch ging. Die Vorstellung, nicht den »kalten Verstand« als Maß aller Dinge anzusehen, trifft ganz offensichtlich den Nerv der Zeit – auch wenn es den gesunden Menschenverstand kaum überrascht.

Das Verdienst von Salovey und Mayer besteht darin, daß sie präzisiert haben, was emotionale Kompetenz eigentlich ausmacht. Sie identifizieren fünf verschiedene Teilfähigkeiten:

Die eigenen Gefühle erkennen. Seine Gefühle einschätzen und benennen zu können ist ein Grundstein der emotionalen Intelligenz, auf dem die meisten anderen emotionalen Fähigkeiten basieren. Nur wer weiß, warum er sich fühlt, wie er sich fühlt, kann bewußt mit seinen Gefühlen umgehen, sie mäßigen und ordnen.

Mit den eigenen Gefühlen umgehen. Gefühle wie Angst, Zorn oder Trauer sind Überlebensmechanismen, die zu unserer emotionalen Grundausstattung gehören. Wir können uns unsere Gefühle nicht aussuchen. Sie lassen sich auch nicht einfach abstellen oder verhindern. Es steht aber in unserer Macht, unsere Gefühlsreaktionen zu steuern und das primäre, angeborene Verhaltensprogramm wie Lust oder Kampf durch erlernte, zivilisierte Verhaltensformen wie Flirten oder Ironie zu ergänzen oder zu ersetzen. Was wir aus unseren Gefühlen machen, wie kultiviert wir sie managen, ist eine Frage der emotionalen Intelligenz.

Vorhandene Potentiale nutzen. »10 Prozent Inspiration, 90 Prozent Transpiration« – dieses Schlagwort bringt es auf den Punkt: Ein hoher IQ allein macht uns weder zum Klassenprimus noch zum Nobelpreisträger. Wirkliche Leistung erfordert Durchhaltevermögen, Freude am Lernen, Selbstvertrauen und die Fähigkeit, Niederlagen wegzustecken.

Sich in andere Menschen einfühlen. Die Kommunikationsforschung geht davon aus, daß ungefähr 90 Prozent der emotionalen Kommunikation wortlos abläuft. Einfühlung in andere erfordert die Bereitschaft, sich auf Gefühle einzulassen, konzentriert zuzuhören und auch unausgesprochene Gedanken und Gefühle zu erfassen.

Soziale Beziehungen gestalten. Bei jedem Kontakt mit anderen Menschen sind soziale Fähigkeiten gefragt – im Umgang mit Kunden, beim Streit mit dem Partner, im Vorstellungsgespräch, beim Small talk im Theaterfoyer. Wie gut wir mit anderen auskommen, hängt unter anderem von unserer Fähigkeit ab, Beziehungen aufzubauen und zu pflegen, Konflikte zu erkennen und zu lösen, den richtigen Ton zu finden und uns auf die Stimmungen des Gegenübers einzustellen.

Salovey und Mayer vertreten die These, daß sich die von ihnen beschriebenen emotionalen Fähigkeiten erlernen und entwickeln lassen. In allererster Linie geschieht das durch das Bemühen, die eigenen Gefühle und die anderer bewußter wahrzunehmen. Achtsamkeit ist die Grundlage für ein besseres Management der eigenen Gefühle und einen bewußteren Umgang mit anderen Menschen. Eine Mühe, die sich lohnt, denn emotionale Kompetenz beeinflußt alle Schlüsselbereiche des Lebens.

Ein etwas anderer Intelligenztest

Verfechter wie Kritiker der emotionalen Intelligenz bezweifeln, daß es möglich ist, die emotionale Intelligenz wie die kognitive durch einen einzigen Zahlenwert angemessen zu beschreiben. Möglicherweise sind die emotionalen Fähigkeiten zu vielfältig und unterschiedlich, um über einen Kamm geschoren zu werden: Manche Leute können gut mit Aggressionen umgehen, sind aber ihren Ängsten hilflos ausgeliefert. Sensibilität für die Gefühle anderer heißt noch lange nicht, daß man schnell zu fremden Menschen Kontakt findet. Andererseits steht fest, daß sich bestimmte Aspekte der emotionalen Intelligenz wie Optimismus oder Gelassenheit durchaus quantifizieren lassen.

Wie auch immer – bisher gibt es noch keinen wissenschaftlich abgesicherten EQ-Test. Daniel Goleman hat im Internet aber einen inoffiziellen Fragebogen zur Verfügung gestellt, den wir für deutsche Leser bearbeitet und gekürzt haben. Damit können Sie zumindest in groben Zügen herausfinden, wie es um Ihre emotionale Intelligenz bestellt ist.

Die Fragen

Kreuzen Sie jeweils die Antwort an, die Ihrem Verhalten am nächsten kommt.

1. Sie sitzen in einem Flugzeug, das von heftigen Turbulenzen geschüttelt wird. Wie verhalten Sie sich?

   a. Sie lesen ruhig in Ihrem Buch weiter, ohne die Turbulenzen groß zu beachten.

   b. Sie versuchen am Verhalten der Stewardessen den Ernst der

Lage zu ermessen und tasten vorsichtshalber schon einmal nach Ihrer Schwimmweste.

c. Von beidem etwas.

d. Keine Ahnung – ich habe nie darauf geachtet.

2. Sie sind mit Ihrer Tochter und ein paar Nachbarskindern auf den Spielplatz gegangen. Plötzlich beginnt ein Kind zu weinen, weil die anderen nicht mit ihm spielen wollen. Wie verhalten Sie sich?

   a. Sie halten sich raus – die Kinder sollen das unter sich ausmachen.

   b. Sie überlegen zusammen mit dem Kind, wie es die anderen dazu bringen könnte, es mitspielen zu lassen.

   c. Sie bitten es freundlich, nicht zu weinen.

   d. Sie versuchen das weinende Kind mit einem Spielzeug abzulenken.

3. Sie haben eine Zwischenprüfung in den Sand gesetzt, in der Sie eigentlich mit einer guten Note gerechnet hatten. Wie reagieren Sie?

   a. Sie stellen einen Arbeitsplan auf, um die Note bei der nächsten Prüfung zu verbessern, und nehmen sich vor, den Plan strikt einzuhalten.

   b. Sie nehmen sich vor, sich in Zukunft mehr anzustrengen.

   c. Sie sagen sich, daß die Note in diesem Fach nicht so wichtig ist, und konzentrieren sich statt dessen auf andere Fächer, in denen Sie besser abgeschnitten haben.

   d. Sie sprechen mit dem Dozenten und bitten ihn, die Note noch einmal zu überdenken.

4. Sie arbeiten im Bereich Telefonakquise. Fünfzehn Kunden, die Sie kontaktiert haben, haben Ihren Anruf abgewimmelt. Allmählich verlieren Sie den Mut. Wie verhalten Sie sich?
   a. Sie geben es für heute auf und hoffen, daß Sie morgen mehr Glück haben.
   b. Sie überlegen, woran es liegen könnte, daß Sie heute keinen Erfolg haben.
   c. Sie versuchen es beim nächsten Anruf mit einer anderen Taktik und sagen sich, daß man so schnell nicht aufgeben darf.
   d. Sie fragen sich, ob das der richtige Job für Sie ist.
5. Sie versuchen eine Freundin zu beruhigen, die sich über den Fahrer eines anderen Autos aufregt, der nach dem Überholen gefährlich knapp vor ihr wieder eingeschert ist. Wie verhalten Sie sich?
   a. Sie sagen: »Vergiß es, es ist ja nichts passiert.«
   b. Sie legen die Lieblingskassette Ihrer Freundin ein, um sie abzulenken.
   c. Sie stimmen in ihr Schimpfen ein, um Ihre Solidarität zu zeigen.
   d. Sie erzählen ihr, daß Sie kürzlich in einer ähnlichen Situation genauso reagiert haben, aber dann gesehen haben, daß das andere Auto ein Notarztwagen war.
6. Ein Streit zwischen Ihnen und Ihrem Partner ist eskaliert. Sie sind beide sehr erregt und attackieren sich mit unsachlichen Vorwürfen. Wie verhalten Sie sich am besten?
   a. Sie einigen sich auf eine Pause von zwanzig Minuten und diskutieren dann weiter.

b. Sie hören auf zu streiten – und sagen überhaupt nichts mehr.
c. Sie sagen, es tue Ihnen leid, und bitten Ihren Partner, sich auch zu entschuldigen.
d. Sie nehmen sich zusammen, denken kurz nach und legen dann Ihre Sicht der Dinge dar, so gut Sie können.

7. Ihr dreijähriger Sohn ist extrem schüchtern und reagiert seit seiner Geburt ängstlich auf neue Menschen und Umgebungen. Wie verhalten Sie sich?

a. Sie akzeptieren, daß ihr Sohn von Natur aus schüchtern ist, und überlegen, wie Sie ihn gegen Situationen abschirmen können, die ihn aufregen.
b. Sie konsultieren einen Kinderpsychologen.
c. Sie konfrontieren das Kind bewußt mit möglichst vielen neuen Menschen und Eindrücken, damit es über seine Angst hinwegkommt.
d. Sie ermöglichen Ihrem Kind Erfahrungen, die ihm Mut machen, mehr aus sich herauszugehen.

8. Sie haben als Kind Klavierspielen gelernt, aber jahrelang nicht mehr gespielt. Jetzt wollen Sie endlich wieder damit anfangen. Wie kommen Sie am schnellsten zum Erfolg?

a. Sie üben jeden Tag zu einer bestimmten Zeit.
b. Sie wählen herausfordernde, aber erlernbare Stücke aus.
c. Sie üben nur, wenn Sie wirklich Lust dazu haben.
d. Sie wählen sehr schwierige Stücke aus, die Sie nur bei entsprechender Anstrengung packen können.

Frage 1: a = 20 Punkte, b = 20, c = 20, d = 0.

D als Antwort zeigt, daß Sie sich Ihrer Streßreaktionen nicht bewußt sind.

Frage 2: a = 0, b = 20, c = 0, d = 0.

B ist am besten. Emotional intelligente Eltern nutzen negative Gefühle ihrer Kinder als Gelegenheit für emotionales Training. Sie helfen ihren Kindern, den Grund für ihre Aufregung zu verstehen, ihre Gefühle wahrzunehmen und nach alternativen Handlungsmöglichkeiten zu suchen.

Frage 3: a = 20, b = 0, c = 0, d = 0.

Die beste Antwort ist a. Selbstmotivation zeigt sich unter anderem in der Fähigkeit, einen Aktionsplan zu entwickeln und durchzuziehen.

Frage 4: a = 0, b = 0, c = 20, d = 0.

Die beste Antwort ist c. Optimismus ist ein Zeichen für emotionale Intelligenz. Optimisten sehen Rückschläge als Herausforderungen an, aus denen sie lernen können. Statt sich selbst die Schuld zu geben und zu verzweifeln, halten sie durch und probieren etwas Neues aus.

Frage 5: a = 0, b = 5, c = 5, d = 20.

Die beste Antwort ist d. Ein wütender Mensch beruhigt sich schneller, wenn man ihm eine Erklärung für das Ärgernis liefert. Es hilft ihm auch, wenn man ihn vom Anlaß des Zorns abzulenken versucht und ihm zeigt, daß man seinen Ärger nachvollziehen kann.

Frage 6: a = 20, b = 0, c = 0, d = 0.

Die beste Antwort ist a. Eine Streitpause von zwanzig Minuten oder mehr empfiehlt sich, weil es so lange dauert, bis sich der Körper wieder abregt. So lange der Puls eines oder beider Kontrahenten auf hundertachtzig ist, ist die Aufnahmebereitschaft für die Gefühle und Argumente des anderen blockiert.

Frage 7: a = 0, b = 5, c = 0, d = 20.

D ist am besten. Kinder, die von Natur aus schüchtern sind, bauen ihre Hemmungen leichter ab, wenn sie mit den angstauslösenden Situationen schrittweise konfrontiert werden.

Frage 8: a = 0, b = 20, c = 0, d = 0.

Bei machbaren Herausforderungen kann sich das vorhandene Leistungspotential am besten entfalten.

Die Auflösung

Bis 60 Punkte: Sie sollten dieses Buch auf jeden Fall lesen – im Gegensatz zum IQ läßt sich der EQ relativ leicht verbessern!

80 Punkte: Ihre emotionale Kompetenz liegt im Durchschnittsbereich.

120 Punkte und mehr: Sie verfügen über ein hohes Maß an emotionaler Intelligenz. Sie kommen mit sich selbst gut zurecht, haben Ihre Gefühle im Griff und gehen bewußt und sensibel mit anderen um.

Teil 2

Das Janusgesicht der Gefühle

Die Welt der Gefühle

Zahlreiche anatomische und physiologische Belege beweisen, daß Denken und Fühlen, also rationales und emotionales Gehirn, eine untrennbare Einheit bilden. Um uns und unsere Umwelt zu verstehen und zu interpretieren brauchen wir beides: den rational planenden Verstand und die eher spontan agierende Welt der Emotionen. Erst die Koordination von Fühlen und Denken verleiht dem Menschen seine in der Natur einzigartige Bandbreite von Ausdrucksmöglichkeiten.

Unter »Normalbedingungen« arbeiten die emotionalen und rationalen Gehirnbereiche als harmonisch funktionierendes Team: Gefühle sind wichtig für das Denken, Gedanken sind wichtig für das Fühlen.

Aber schon ein falsches Wort eines Gesprächspartners, eine Melodie, die an eine längst vergangene Beziehung erinnert, der Geruch von Sonnenöl oder ein liebevoller Blick können ausreichen, um zornige, wehmütige oder zärtliche Gefühle auszulösen. Wenn solche Gefühle sehr stark werden, hat die Vernunft keine Chance mehr. Die Folgen bekommen wir jeden Tag zu spüren: Wenn uns die große Liebe oder der Alltagsblues gepackt hat, wenn wir vor Aufregung kein klares Wort herausbringen oder wenn wir uns wegen des vergessenen Hochzeitstags beleidigt ausschweigen, regiert das emotionale Gehirn. Sollen wir also unsere Emotionalität von vornherein unterdrücken und nur noch nach Rationalität streben?

Wozu brauchen wir Gefühle?

Emotionen sind ein Mechanismus, der uns hilft,

- auf unerwartete Ereignisse schnell zu reagieren,
- Entscheidungen rasch und sicher zu treffen, und
- nonverbal mit anderen Menschen zu kommunizieren.

Untersuchungen an Patienten, deren emotionale Gehirnbereiche durch Unfälle oder Krankheiten geschädigt waren, haben gezeigt, daß das Fehlen emotionaler Anteile bei der Beurteilung von Situationen zu falschen Entscheidungen führen und ein Mangel an Gefühlen den gesunden Menschenverstand untergraben können. Erst der unbewußte oder gewollte Einsatz von Gefühlen gestaltet unser Alltagsleben menschlicher und macht unser soziales oder berufliches Handeln für andere nachvollziehbar.

Das emotionale Schnellprogramm

Sibylle fährt spät abends nach einem langen Arbeitstag nach Hause. Es ist dunkel, die Landstraße kaum befahren. Plötzlich sieht sie vor sich am Straßenrand einen Fußgänger, erschrickt, bremst ab und zieht den Wagen in Richtung Straßenmitte. Die Gefahrensituation ist bewältigt. Als sie den Fußgänger ansieht, stellt sie fest, daß sie einer optischen Täuschung erlegen ist: Der dunkel gekleidete Fußgänger ist ein harmloser, neu gepflanzter kleiner Baum.

Mit Hilfe der fünf Grundemotionen Glück, Trauer, Ärger, Furcht und Abscheu sowie ihrer Mischformen ist das emotionale Gehirn in der Lage, neue Situationen anhand weniger, fragmentarischer Sinneseindrücke rasch zu bewerten. In Not- oder Gefahrensituationen bleibt nicht die Zeit, lange zu fackeln und alle eingehenden Informationen und Handlungsmöglichkeiten gegeneinander abzuwägen. Statt dessen wird intuitiv ein angeborenes Gefühlsprogramm in Gang gesetzt: Der Körper stellt sich, zum Beispiel durch Hormonausschüttungen, physiologisch auf die Ausnahmesituation ein, und wir reagieren mit einer wirksamen, wenn auch oft suboptimalen Folge von Reaktionen oder Handlungen: Kampf, Flucht, Erstarrung. Das wesentlich genauer, aber langsamer arbeitende rationale Gehirn würde uns oft einen besseren Handlungsplan liefern – braucht dafür aber auch mindestens doppelt so lang.

Emotionen als Entscheidungshelfer

Unser Leben besteht aus Entscheidungen: welchen Beruf wir erlernen, wohin wir in Urlaub fahren, wen wir heiraten, wie wir unser Geld anlegen, ob wir einen Auftrag übernehmen können, welchen Wein wir wählen. Je vielfältiger die Wahlmöglichkeiten, desto weniger hilft uns die formale Logik allein weiter. Unser Gehirn tut sich schwer, unzählige Pros und Contras wie ein Computer vorauszuberechnen und zu überblicken. Jeder Amateur, der schon einmal gegen ein gutes Schachprogramm angetreten ist, kennt dieses Defizit.

Aus Erfahrung wissen wir, daß das Gefühl aus dem Bauch oder die innere Stimme uns oft zu besseren Entscheidungen verhilft als alle rationalen Überlegungen. Bevor Sie durchrechnen können, ob sich ein Auftrag finanziell lohnt und terminlich machbar ist, geschieht etwas sehr Wichtiges: Wenn der Gedanke, daß Sie dann in den nächsten zwei Monaten kein freies Wochenende mehr haben, in Ihrer Vorstellung auftaucht, verspüren Sie – vielleicht nur ganz kurz – eine unangenehme körperliche Empfindung.

Damasio bezeichnet dieses Gefühl im Bauch als »somatischen Marker«. Negative und positive somatische Marker sind Signale des emotionalen Gehirns, die uns vor dem worst case warnen oder auf eine einmalige Chance hinweisen. Sie kennzeichnen automatisch die Elemente des Szenarios, die für uns persönlich besonders relevant sind. Somatische Marker helfen uns, ein Problem und seine Bedeutung einzuordnen. Sie schlagen einen Weg durch den Dschungel der Entscheidungsmöglichkeiten. Allerdings können sie sich unter Umständen auch nachteilig auswirken, zum Beispiel, wenn sie stärker wirken als die objektiven Fakten.

Emotionen als Mittel der Kommunikation

Auch wenn wir nicht über unsere Gefühle sprechen, weiß unsere Umwelt meistens recht genau, wie wir uns fühlen. Das liegt daran, daß sich Grundgefühle und -stimmungen im Gesichtsausdruck, in der Körperhaltung, im Ton der Stimme und in der Gestik niederschlagen. Die physiologischen Reaktionen und das Ausdrucksverhalten bei Angst, Ärger, Trauer, Freude und Abscheu sind in allen Kulturen ähnlich. Sie lösen beim Gegenüber unwillkürlich gleiche oder komplementäre Gefühlsreaktionen aus: Mitgefühl, aber auch Furcht, Wut oder Abwehr. Der Psychologe Keith Oatley bringt die kommunikative Funktion der Gefühle auf den Punkt: »Emotionale Signale zwischen Menschen sind im Grunde einfach. Sie wirken wie die Sirene eines Polizei- oder Krankenwagens: Man erfährt zwar nicht, was geschehen ist, aber man macht einfach Platz, wenn man am Steuer sitzt, und läßt das Fahrzeug vorbei.«

Die richtige Interpretation solcher Signale setzt ein intaktes emotionales Gehirn voraus. Patienten mit bestimmten Hirnverletzungen sind nicht mehr in der Lage, unterschiedliche Gesichtsausdrücke auseinanderzuhalten und ihre emotionale Bedeutung zu entschlüsseln.

Die Dreifaltigkeit des Gehirns

Der Teil der Hirnforschung, der sich mit dem Zusammenspiel von Geist und Gefühl befaßt, konzentriert sich heute vor allem darauf, die gegenseitigen Wechselwirkungen der drei übereinander geschichteten Gehirnbereiche *Stammhirn, limbisches System* und *Neokortex* zu verstehen. Über Jahrzehnte hinweg ging die Lehrmeinung dahin, die drei »Abteilungen« des Gehirns würden ohne großen Kontakt zueinander ein Eigenleben führen. Diese hauptsächlich von dem Neurologen Paul MacLean propagierte Behauptung läßt sich mit moderneren Beobachtungen und Forschungsergebnissen nicht mehr vereinbaren.

Die Rolle des Stammhirns

Die Struktur des Gehirns des Homo sapiens sapiens hat sich durch die Evolution im Laufe mehrerer hundert Jahrmillionen gebildet. Im menschlichen Gehirn gibt es deshalb Bereiche, die entwicklungsgeschichtlich sehr alt und bereits bei Reptilien wie Fröschen oder Krokodilen vorhanden sind.

Das menschliche Gehirn

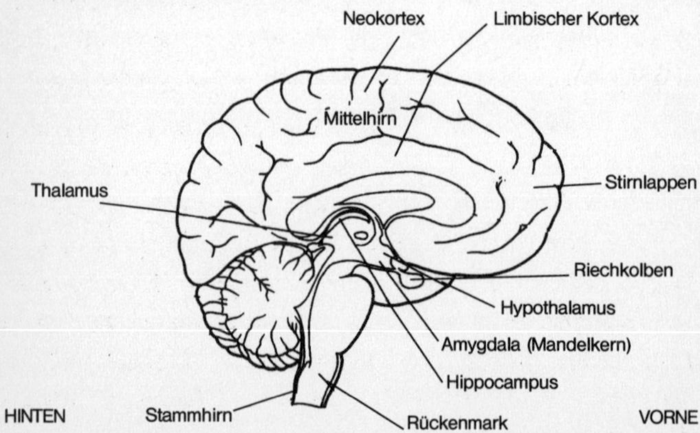

Der älteste und primitivste Teil des Gehirns, das Stammhirn, ist aus der Verlängerung des Rückenmarks entstanden. Es ist für lebenswichtige und normalerweise nicht bewußt beeinflußbare Funktionen wie Atmung und Stoffwechsel verantwortlich. Darüber hinaus steuert es Triebe, Instinkte und Reflexe. Schon Neugeborene verfügen zum Beispiel über einen Schwimmreflex.

Dabei arbeitet das Stammhirn eng mit den später entstandenen Gehirnregionen zusammen. Viele Dinge werden in den jüngeren Gehirnschichten gelernt, aber nach und nach automatisiert und im Stammhirn einprogrammiert: zum Beispiel das Autofahren.

Limbisches System und Mandelkern: das emotionale Gehirn

Im Laufe der Evolution entwickelten sich aus den Sinneszellen des Reptiliengehirns, die für die Verarbeitung von Gerüchen und visuellen Reizen zuständig waren, lappenförmige Neuronengeflechte: der visuelle und der aufgrund der Überlebensbedingungen in der Urzeit noch wichtigere *olfaktorische Lappen (Riechkolben)*. Der Riechkolben hatte die Aufgabe, Gerüche zu klassifizieren und die jeweils geeigneten Reaktionen auszulösen – fressen, jagen, fliehen, fortpflanzen. Nach und nach vereinigten sich die Lappen zu einer Schicht oberhalb des Stammhirns, das als Vorläufer des limbischen Systems angesehen werden kann.

Mit dem Auftreten der ersten Säugetiere entstand das eigentliche limbische System, das eine Schlüsselrolle für unser Gefühlsleben spielt und mit Fug und Recht als Gefühlszentrum des Gehirns bezeichnet werden kann. Das limbische System umringt das Stammhirn (lat. *limbus* = Ring) und ermöglichte erstmals in der Evolution das Speichern und Erinnern von Informationen. Damit konnte ein Tier differenzierter reagieren: Die einprogrammierten Verhaltensautomatismen des Stammhirns und der ersten Gefühlslappen wurden durch Erfahrungen wie Wohlbehagen oder Schmerz ergänzt. Neben instinktiven Verhaltensmustern waren nun in begrenztem Rahmen auch »individuelle«, besser an die Situation angepaßte Handlungsmuster möglich.

Das limbische System besteht aus einem verstreuten Gewirr von Strukturen, Kernen und Faserverbindungen. Seine wichtigsten Strukturen sind der *limbische Kortex* und dessen Randgebiete, die *Hippocampusformation* und der *Mandelkern (Amygdala)*.

Während der Hippocampus zusammen mit Teilen der Großhirnrinde das Fakten- und Kontextwissen unseres Lebens abspeichert, ist der Mandelkern der Spezialist für Gefühlsaspekte. Im Hippocampus ist gespeichert, wann John F. Kennedy ermordet wurde und wo wir gerade waren, als wir davon hörten. Die Mandelkern-Erregung, die mit diesem Ereignis verbunden war, hat dafür gesorgt, daß Zeitgenossen diesen Eindruck ein Leben lang nicht vergessen.

Klinische Untersuchungen und Tests deuten darauf hin, daß die Bedeutung des Mandelkerns für unser Sozialverhalten und unser Erinnerungsvermögen gar nicht hoch genug eingeschätzt werden kann: Patienten mit beschädigtem Mandelkern sind zum Beispiel nicht mehr in der Lage, am Gesichtsausdruck zu erkennen, ob ein Mensch glücklich oder traurig ist. Affen, bei denen der Mandelkern entfernt wurde, zeigten ein extrem gestörtes Sozialverhalten: Sie hatten das Gefühl für die komplexen sozialen Spielregeln ihrer Herde verloren. Das mütterliche Verhalten und die affektiven Reaktionen gegenüber den anderen Tieren waren deutlich beeinträchtigt.

Die Forscher J. F. Fulton und D. F. Jacobson von der Universität von Yale lieferten darüber hinaus Anhaltspunkte, daß die Lern- und Merkfähigkeit einen intakten Mandelkern braucht: Sie setzten Schimpansen vor zwei Freßnäpfe. In einem davon lag ein Leckerbissen, der andere war leer. Dann wurden beide Näpfe zugedeckt. Nach einigen Sekunden wurde den Tieren erlaubt, sich eines der geschlossenen Gefäße zu holen. Gesunde Tiere griffen zielsicher nach dem Napf mit dem Leckerbissen, während Schimpansen mit beschädigtem Mandelkern wahllos vorgingen – der Leckerbissen hatte in ihnen keine Mandelkern-Erregung hervorgerufen und wurde deshalb auch nicht erinnert.

Das limbische System steht sowohl mit dem Neokortex als auch mit dem Stammhirn in ständiger Interaktion. Besonders eng ist die Verbindung zwischen dem Mandelkern und dem Präfrontallappen des Neokortex. Eine Hochgeschwindigkeits-Signalleitung ermöglicht es, daß limbisches System und Neokortex Hand in Hand zusammenarbeiten.

Der Neokortex: das rationale Gehirn

Vor ungefähr hundert Millionen Jahren traten die ersten höheren Säugetiere auf den Plan. Die Gehirnevolution tat einen Quantensprung. Über das Stammhirn und das limbische System stülpte die Natur den Neokortex, das rationale Gehirn. Zu den Instinkten, Trieben und Emotionen trat damit die Fähigkeit, abstrakt und über den Tag hinaus zu denken, globale Zusammenhänge zu verstehen, ein bewußtes Selbst und ein komplexes Gefühlsleben zu entwickeln.

Dieser evolutionär jüngste Teil der Großhirnrinde umgibt die älteren Hirnbereiche mit sechs übereinander angeordneten Neuronenschichten. Erst der Neokortex ermöglicht die Integration der verschiedenen Sinneseindrücke zu einem Ganzen. Die intellektuelle Überlegenheit des Menschen gegenüber höheren Säugetieren ergibt sich dabei weniger aus einer größeren Gehirnmasse als aus der Vielzahl und der Flexibilität der Nervenbahnen zwischen den einzelnen Neuronenschichten und zwischen den neuen und alten Gehirnregionen. Das reine Gefühlsleben wird durch die im Neokortex ablaufende rationale Interpretation des Wahrgenommenen ergänzt, verfeinert und bereichert.

Der Neokortex befähigt uns also nicht nur, algebraische Gleichungen zu lösen, eine Fremdsprache zu erlernen, Einsteins Relativitätstheorie nachzuvollziehen oder die Atombombe zu entwickeln. Er verleiht vor allem auch unserem Gefühlsleben eine neue Dimension. Liebe und Rache, Altruismus und Intrige, Kunst und Moral, Sensibilität und Engagement gehen weit über die groben Wahrnehmungs- und spontanen Handlungsmuster des limbischen Systems hinaus. Andererseits – das zeigen die Experimente mit gehirngeschädigten Patienten – wären solche Empfindungen ohne die Mitwirkung des emotionalen Gehirns ausgeschlossen. Auf sich allein gestellt, wäre der Neokortex nur ein besserer Hochleistungscomputer.

Eine besondere Rolle bei der neokortikalen Verarbeitung von Gefühlen spielen die *Präfrontal-* oder *Stirnlappen*. Als Manager unserer Gefühle übernehmen sie zwei wichtige Aufgaben: Erstens mäßigen sie unsere emotionalen Reaktionen, indem sie die Signale des limbischen Gehirns dämpfen. Zweitens entwickeln sie konkrete Handlungspläne für emotionale Situationen. Während der Mandelkern des limbischen Systems in hochemotionalen Situationen Erste Hilfe leistet, sorgt der Präfrontallappen für die Feinabstimmung unserer Gefühle. Wenn wir uns in den Liebeskummer der besten Freundin hineinversetzen, Schuldgefühle wegen der liegengebliebenen Aktenberge haben oder Gelassenheit bei einem Vortrag vortäuschen, ist immer auch der Neokortex am Werk.

Diese Leistungen kann der Neokortex nur im Zusammenspiel mit den älteren Gehirnschichten vollbringen. Das menschliche Gehirn verfügt zu diesem Zweck über eine Vielzahl von Nervenbahnen und über hochflexible Schaltungen zwischen den Nervenzellen, die die verschiedenen Hirnbereiche miteinander verbinden.

Der Schaltplan des Gehirns

Die Strukturen aller Hirnregionen bestehen aus Geflechten von Nervenzellen (Neuronen). Das gesamte Nervensystem des Menschen umfaßt mindestens zehn Milliarden Neuronen, von denen sich die meisten im Gehirn befinden. In den Regionen der Hirnrinde (zum Beispiel Neokortex und limbischer Kortex) formen Neuronen bis zu sechs übereinanderliegende, miteinander kommunizierende Schichten. In den Bereichen unterhalb der Hirnrinde (zum Beispiel Mandelkern und Hypothalamus) bilden die Neuronen haufenförmige Gruppen, die als Kerne bezeichnet werden.

Neuronen bestehen aus

- *Dendriten,* die Eingangsreize an den Zellkern übertragen,
- einem *Zellkern*, der die Eingangsreize verarbeitet und einen Erregungszustand (Aktionspotential) erzeugen kann, und
- dem *Axon*, das den Erregungszustand des Neurons an andere Nervenzellen weiterleitet.

Jedes Einzelneuron kommuniziert mit anderen Neuronen, indem es Eingangsreize anderer Nervenzellen empfängt und verarbeitet und seinen Erregungszustand den Neuronen mitteilt, mit denen es verbunden ist. Neurowissenschaftler schätzen, daß jedes einzelne Neuron mit etwa tausend anderen Neuronen zu einem Schaltkreis vernetzt ist. Sein Erregungszustand wird über den Hauptfortsatz des Neurons, das Axon, als elektrischer Strom an andere Nervenzellen weitergegeben: Ein Axon kann Verzweigungen bilden, die sich an die Dendriten anderer Nervenzellen anlagern. Wenn ein Aktionspotential anliegt, werden an solchen Schaltstellen oder *Synapsen* chemische Botenstoffe, die *Neurotransmitter*, freigesetzt und an die verknüpften Zellen als Eingangsreize weitergeleitet. Die Synapse regelt, wie stark sich ein Reiz auf das nachfolgende Neuron auswirkt.

Durch Vererbung wird die Grundstruktur vieler neuronaler Schaltkreise einschließlich der Regelungsstärke ihrer Synapsen weitergegeben. Insbesondere legen die genetischen Vererbungsinformationen die Struktur der evolutionär alten Bereiche des Gehirns fest, die unter anderem das Stammhirn und das limbische System umfassen. Die Struktur der dort vorhandenen Neuronenschaltkreise ist wahrscheinlich angeboren.

Die Kapazität unserer Gene reicht aber zum Glück nicht dazu aus, die detaillierten Baupläne für die Verbindungsstruktur aller Neuronen im Neokortex und die Regelungsstärken ihrer Synapsen zu speichern. Anderenfalls könnten wir nur begrenzt aus neuen Erfahrungen lernen. Wir wären nicht in der Lage, unsere Reaktionen auf Gefühle in bestimmten Situationen bewußt zu ändern. Unsere Verhaltensmuster wären ebenso wenig individuell wie die von Fröschen oder Lurchen, deren Reaktion auf Gefühle vollständig vorprogrammiert ist.

Sowohl in der Hirnrinde als auch in den subkortikalen Bereichen kann man Teilsysteme von Neuronenschaltkreisen identifizieren, die für ganz bestimmte Denk- oder Gefühlsleistungen verantwortlich sind. Häufig sind solche Teilsysteme aus unterschiedlichen Hirnbereichen miteinander vernetzt und bilden größere funktionale Systeme – zum Beispiel das limbische System oder bestimmte Systeme im Schläfenlappen des Neokortex. Sie dienen dazu, unsere Wahrnehmungen, Emotionen und unser Körperbefinden laufend zu beobachten, auszuwerten und in bewußte Empfindungen von Gehirn und Körper umzusetzen.

Wie Gefühle funktionieren

Stellen Sie sich vor, Sie fahren mit dem Fahrrad einen Waldweg entlang. Plötzlich kommt Ihnen ein Schäferhund entgegengerannt. Ihr Verhältnis zu Hunden ist eher distanziert. Was geht in Ihnen vor?

Ihre Augen senden Signale zum Thalamus, der die eingehenden Sinnesreize in die Sprache des Gehirns übersetzt und an die zuständigen Gehirnbereiche weiterleitet: zum einen an den Präfrontallappen, der für die intellektuelle Verarbeitung des Problems zuständig ist, zum anderen aber auch – über eine kürzere Signalleitung und mit weniger Details versehen – an den Mandelkern. Während der Neokortex seine Botschaft erhält und von allen Seiten beleuchtet, beschließt der Mandelkern aufgrund einer frühkindlichen, Ihnen vielleicht nicht einmal bewußten Erfahrung, daß Gefahr im Verzug und rasches Handeln notwendig ist.

Der heiße Draht zwischen Thalamus und Mandelkern ist eine Entdeckung des New Yorker Neurologen Joseph E. LeDoux. LeDoux fand heraus, daß der Mensch auf bestimmte äußere Reize gefühlsmäßig reagiert, noch bevor der Neokortex sich intellektuell einen Reim auf das Geschehen machen kann. Mehr noch: In Streßsituationen sondert der Körper Hormone ab, die die qualifizierenden Informationen des Neokortex an den Mandelkern blockieren. Rationale Überlegungen dringen nicht mehr durch. Das Gefühl steht der Vernunft im wahrsten Sinn des Wortes im Weg.

Zurück zu unserem Hundeerlebnis: Der Mandelkern hat die Situation als gefährlich eingestuft. Über den Hypothalamus, die Nerven, das motorische System, das Hormon- und Peptidsystem und die Aktivierung von Neurotransmittern veranlaßt er eine Reihe von Reaktionen. Ihr Herz beginnt zu pochen, Ihre Muskeln spannen sich an, Sie werden blaß, Ihre Eingeweide krampfen sich zusammen, Ihre Gesichtszüge nehmen einen Ausdruck von Angst an. Ohne eine bewußte kognitive Beteiligung leitet der Mandelkern eine angeborene, präorganisierte Angstreaktion ein: Sie erstarren und treten auf die Bremse. Die Zustandsveränderungen des Körpers werden an das limbische System zurückgemeldet, das sich damit selbst über die Schulter sieht und zu gegebener Zeit Entwarnung geben kann.

Währenddessen analysiert der Präfrontallappen das emotionale Ereignis kognitiv und denkt über eine effektive Reaktion nach: Ruhiges Einreden auf den Hund, keine Angst zeigen und langsames Weitergehen scheinen die Gebote der Stunde zu sein.

Um diese Beschwichtigungsreaktionen umzusetzen, ist der Präfrontallappen auf den Mandelkern angewiesen. Er schickt deshalb Signale an ihn. Der Mandelkern seinerseits aktiviert die emotionalen Reaktionen. So wie er wenige Millisekunden vorher das instinktive Bremsen ausgelöst hat, übernimmt er nun die Umsetzung der überlegteren Reaktionen. Wieder bedient er sich dazu der Nerven, des motorischen Systems, des Hormon- und Peptidsystems und der Neurotransmitter. Gleichzeitig sorgt der Präfrontallappen dafür, daß Sie sich abregen, indem er die aufgeregten Signale des Mandelkerns an die anderen Hirnbereiche dämpft: Mit dem Erfolg, daß Sie sich entspannen – oder zumindest so tun als ob –, ruhig und selbstbewußt auf den Hund einreden und Ihr Fahrrad langsam weiterschieben.

Die Symbiose von Gefühl und Verstand

Das emotionale Gehirn sichert in Grenzsituationen unser Überleben, weil es gefährliche Situationen rasch erkennt und präorganisierte Reaktionen einleitet. Es sorgt für die physiologische Umsetzung der Vorgaben des rationalen Gehirns. Vor allem erleichtert es uns rationale Entscheidungen, weil es als Orientierungshilfe in einem Wirrwarr von Möglichkeiten dient. Umgekehrt dämpft und relativiert das rationale Gehirn unsere Gefühlsaufwallungen und verfeinert und kultiviert die vergleichsweise primitiven Reaktionsmuster des emotionalen Gehirns.

Fühlen und Denken sind also ineinander verwoben. Unsere Gefühle bestimmen, wie gut wir unser geistiges Potential umsetzen können: Um im Abitur gut abzuschneiden, brauchen wir außer einem möglichst hohen IQ auch Durchhaltevermögen und Optimismus. Unser Denken bestimmt, wie sensibel und tief wir empfinden können. Wenn eine Verdi-Oper mehr als ein berauschender Klangteppich sein soll, brauchen wir außer Einfühlungsvermögen und Vorstellungskraft analytische Fähigkeiten: das Verständnis für die innere Logik und Struktur im Fluß der Töne sensibilisiert, differenziert und steigert unser emotionales Erleben von Musik.

Leidenschaft, die Leiden schafft

Zorn, Angst und Depression sind biologische Automatismen und tief in der Evolutionsgeschichte verwurzelt. Sie bilden einen festen Bestandteil unseres Verhaltensprogramms. Vor Jahrtausenden übernahmen sie lebenswichtige Funktionen bei der Anpassung des Organismus an seine Umwelt.

Vieles spricht dafür, daß die Anpassung der Primärgefühle an die Umwelt auf dem Weg der Veränderung der Erbanlagen in den letzten Jahrtausenden nicht mehr rasch genug vorangegangen ist. Von unseren emotionalen Erbanlagen her unterscheiden wir uns kaum von den alten Römern, den Ackerbauern und Viehzüchtern der Mittelsteinzeit oder den Jägern und Sammlern der Altsteinzeit.

Machen wir uns nichts vor: Gefühlsmäßig sitzt der Mensch noch immer auf den Bäumen. Aus der Biologie unserer Emotionen folgt, daß bestimmte Leidenschaften uns ohne Vorwarnung einfach überfallen – daß wir also Angst, Ekel oder Zorn im wahrsten Sinne des Wortes »erleiden«. In echten oder vermeintlichen Gefühlskrisen prescht der Mandelkern schon einmal vor, noch ehe der Neokortex die ganze Situation klar erfaßt und über einen angemessenen Kurs entschieden hat. Das kann manchmal lebenswichtig sein. In vielen sozialen Situationen aber sind die vom Mandelkern angezettelten Hau-Ruck-Aktionen völlig fehl am Platz: die zu leise, unsichere Stimme am Telefon bei einer Kundenreklamation, die giftige Bemerkung über den Drängler an der Kasse, die Tränen bei einer im Grunde gerechtfertigten Kritik. In einem Punkt hatten Rationalisten wie Descartes und Kant deshalb sicherlich recht: Gefühle können sich verheerend auf unsere Denkprozesse auswirken.

In der jüngsten Geschichte der Menschheit – also etwa in den letzten zehntausend Jahren – entstanden deshalb von den Zehn Geboten über die *Nikomachische Ethik* des Aristoteles und die Benimmregeln des Freiherrn von Knigge bis hin zu den »Sexual-Harrassment«-Kursen an amerikanischen Universitäten eine Fülle religiöser und ethischer Normen, die alle nur eines bezweckten: unsere archaischen, impulsiven, unkontrollierten Leidenschaften in geordnete, sozialverträgliche Bahnen zu lenken. So kämpfen wir Tag für Tag gegen unser steinzeitliches emotionales Repertoire an, um es mit den Anforderungen der Religionen, der Höflichkeit, der Political Correctness usw. in Einklang zu bringen.

Ärger, Wut und Zorn

Zorn und Aggression sind grundsätzliche, instinktive Kampfreaktionen bei drohender Gefahr. Der Psychologe Raymond W. Novaco unterscheidet zwischen vier Haupttypen von Provokationen, die Ärger auslösen können:

- Frustrationen – eine schlechte Note, ein geplatzter Termin;
- Irritationen – ein verlegter Schlüssel, der Lärm in Nachbars Garten;
- verbale oder nonverbale Provokationen – die sarkastische Bemerkung des Chefs, der Rechtsüberholer auf der Autobahn;
- Unfairneß und Ungerechtigkeit – eine unsachliche Kritik, sozial unausgewogene Steuererhöhungen.

Normalerweise sind es soziale Situationen, die Ärger provozieren: Beziehungsprobleme oder Interaktionen mit Fremden, die sich nicht an die üblichen Normen und Wertvorstellungen halten. Der Psychologe Michael Siebert hat herausgefunden, daß Familie, Beruf, Nachbarn, Behörden und Straßenverkehr am häufigsten Anlaß zu Ärger geben.

Die Neurobiologie des Zorns

Bei Ärgergefühlen wird der Organismus auf Kampf und Verteidigung vorbereitet: Es werden körperliche Streßreaktionen ausgelöst, die der Mobilisierung von Energie dienen. Die Konzentration von Adrenalin und Noradrenalin im Blut wird erhöht. Der Blutdruck steigt, wir atmen flacher, der Herzschlag beschleunigt sich, die Muskeln verkrampfen. Das parasympathische Nervensystem, das uns nach Erregungsphasen beruhigt und dämpft, wird durch anhaltenden Ärger schachmatt gesetzt.

Gleichzeitig schüttet die Niere das Hormon Renin aus. Renin wird in der Leber und in der Lunge zu Angiotensin umgebaut. Das wiederum führt zu einer starken Verengung der Blutgefäße. Der Renin-Mechanismus sorgt dafür, daß die Kampfbereitschaft für längere Zeit erhalten bleibt – manchmal für Stunden oder Tage. Der erhöhte Blutdruck bewirkt, daß das Gehirn sich von Außenreizen abschottet. Blind vor Zorn haben wir dann nur noch eines im Sinn: unserem Ärger Luft zu machen, egal wie. Dieser Erregungszustand ist mit einem außergewöhnlich hohen Selbstbewußtsein verbunden, das auf der Illusion von Macht und Unverletzlichkeit beruht. Argumente des Gegenübers haben, so lange wir uns in dieser Phase befinden, keine Chance. Allenfalls schüren sie das Feuer noch zusätzlich.

Überlebensmechanismus Zorn

In grauer Vorzeit waren die beschriebenen physiologischen Reaktionen noch sinnvoll und oft lebensrettend. Ärger liefert oft ungeahnte Energien, die es ermöglichen können, Herr der Lage zu bleiben und in Sekundenschnelle kreative Lösungen zu entwickeln. Für den Urmenschen waren das unabdingbare Voraussetzungen, um gefährliche Situationen zu überleben. Dazu kam, daß die bereitgestellten Energien beim Kämpfen oder Fliehen abgebaut wurden. Energieüberschüsse konnten somit erst gar nicht entstehen.

Der »zivilisierte« Mensch dagegen hat oft keine Gelegenheit, seinem Ärger Luft zu machen. Damit aber kann ein gefährlicher Teufelskreis entstehen. Weil der Körper kein Signal empfängt, daß die Gefahr gebannt ist, erhält er die Ärgerreaktion weiterhin aufrecht. Falls zu dem ersten ärgerlichen Ereignis noch ein zweites, drittes oder viertes dazukommt, nährt ein Zorn den nächsten. Die Toleranzschwelle wird immer niedriger. Meistens endet das Ganze damit, daß es zu einer unangemessenen Entladung und anschließenden Schuldgefühlen kommt. Oder wir unterdrücken den Ärger und »fressen ihn in uns hinein«. Die Folge sind oft psychosomatische Störungen wie Magengeschwüre, Bluthochdruck oder Herzerkrankungen.

Das aggressive Temperament

Max hat einen frustrierenden Arbeitstag hinter sich. Der neue Ressortleiter hatte bei der Redaktionskonferenz sein Konzept für eine neue Artikelserie über das ausufernde Sozialsystem kurzerhand abgelehnt. Da sah Max rot: »Wahrscheinlich haben Sie die Unterlagen ja nicht einmal richtig gelesen,« warf er ihm an den Kopf. Die Kollegen konnten bei soviel unreflektierter Aggression nur den Kopf schütteln. Und obwohl sich Max noch während der Sitzung beim Ressortleiter entschuldigte, blieb die Stimmung frostig.

Menschen unterscheiden sich darin, ob und wie sehr sie sich über den Stau auf dem Weg zur Arbeit, eine unfreundliche Verkäuferin oder die jüngsten Tarifverhandlungen aufregen können. Der Ärgerforscher Redford Williams schätzt, daß ungefähr 20 Prozent der Menschen extrem ärgerbereit sind. Weitere 20 Prozent sind dagegen besonders gelassen und unaufgeregt. Der Rest bewegt sich zwischen diesen beiden Extremen.

Ärgerbereite Menschen sind durch ein gefühlsintensives, dynamisches, leicht frustriertes Verhalten gekennzeichnet. Wir erleben sie als ruhelos, zielorientiert, extrem leistungsmotiviert, ungeduldig und spontan in ihren Entschlüssen. Hinzu kommt häufig eine misanthropische Einstellung zu anderen Menschen: Wer schon damit rechnet, daß sich die anderen egoistisch, langsam oder bösartig verhalten, wird schnell bei allem und jedem ein Haar in der Suppe finden. Die Kardiologen Ray H. Rosemann und Meyer Friedman ordnen solche Menschen, die ständig unter Druck stehen, dem besonders herzinfarktgefährdeten Typ A zu.

Heute weiß man, daß Zorn und Reizbarkeit in der Gehirnchemie angelegt sind. Offensichtlich besteht ein enger Zusammenhang zwischen einem aggressiven Emotionsprofil und dem Enzym MAO (Monoaminoxidase). MAO ist ein Enzym, das die Teile des Gehirns beeinflußt, die Aufmerksamkeit, Konzentrationsfähigkeit und Impulsivität kontrollieren. Neuere Forschungen zeigen, daß Kinder mit einem niedrigen MAO-Spiegel zu Hyperaktivität neigen, schnell frustriert und reizbar sind und leicht aufbrausen.

Die individuelle Ärger-Bereitschaft hängt aber nicht nur vom biochemischen Haushalt, sondern auch von der geistigen Haltung ab: Unsere kognitive Einschätzung einer Situation bestimmt, ob wir uns ärgern oder nicht. Vorurteile (»Sonntagsfahrer«), enttäuschte Erwartungshaltungen (»Wenn man einmal ausschlafen könnte ...«) und notorisch negative Wahrnehmungs- oder Interpretationsmuster (»Immer ich«, »Nie ist er pünktlich«) heizen die Ärgergefühle erst so richtig an.

Strategien gegen den Zorn

In vielen Situationen ist aggressives Verhalten fehl am Platz und ein Zeichen von Reaktionsunsicherheit. Andererseits will und kann man sich nicht alles gefallen lassen. Es gibt eine Reihe recht einfacher Techniken, mit deren Hilfe man aggressive Energien kurzschließen kann. Allerdings funktionieren alle diese Techniken am besten, wenn dem Ärger so frühzeitig Einhalt geboten wird, daß er seine zerstörende Kraft gar nicht erst voll entfalten kann. Gleichzeitig ist es wichtig, Selbstbehauptung ohne Aggression zu erlernen.

Selbstbeobachtung. Ausgangspunkt für alle hilfreichen Anti-Ärger-Strategien ist die Selbstbeobachtung in Situationen, in denen Ärger droht. (»Die Schlange an der Kasse wird und wird nicht kürzer.«) Beginnen negative, zynische Gedanken aufzusteigen? (»Typisch, diese Hausfrauen hätten doch den ganzen Tag Zeit einzukaufen.«) Reagiere ich aggressiv? (Wütende Blicke in Richtung Kasse, nervöses Trommeln mit den Fingern.) Was ist der Auslöser? (»Wenn mein Chef mich pünktlich weggelassen hätte, hätte ich die Einkäufe ohne Streß geschafft.«) Welche Konsequenzen befürchte ich? (»Bestimmt schaffe ich es nicht mehr rechtzeitig, ins Theater zu kommen.«)

Selbstbeobachtung ist die Voraussetzung dafür, daß es gelingt, den Ärger-Automatismus zu unterbrechen und die ärgerauslösende Situation neu zu bewerten.

Der Situation eine positive Deutung geben. Neubewertung heißt die psychologische Zauberformel für die Entschärfung von aggressiven Emotionen. (Das gleiche funktioniert übrigens auch bei ängstlichen Reaktionen.) Wenn wir uns ärgern, erliegen wir oft vorschnellen Eindrücken und Befürchtungen, die bei näherer Betrachtung übertrieben oder ungerecht sind. Ein Experiment des Psychologen Dolf Zillmann von der Universität von Alabama zeigt, wie Verständnis Zorn entschärfen kann: Ein Assistent Zillmanns hatte die Aufgabe, eine Gruppe von Probanden während einer sportlichen Übung mit abwertenden Bemerkungen zu provozieren. Anschließend wurde den Versuchsteilnehmern suggeriert, ihre Beurteilung des Assistenten würde sich auf dessen Karriere auswirken – mit dem Ergebnis, daß die meisten Probanden ihrer Verärgerung weidlich Luft machten. Bei einer Variante des Experiments mit einer anderen Versuchsgruppe bekamen die Teilnehmer scheinbar zufällig mit, daß der Assistent vor einer schwierigen mündlichen Prüfung stand. Ihr Urteil fiel wesentlich milder und verständnisvoller aus als das der Vergleichsgruppe.

Körperliche Bewegung, Entspannung und Ablenkung. Jede Ärgersituation spornt den Körper zu physischen Höchstleistungen an. Die ganze Aufmerksamkeit ist auf das ärgerauslösende Objekt gerichtet.

Körperliche Bewegung – rasches Auf- und Abgehen, ein kurzer Spaziergang, kraftvolles Schwingen der Arme, tiefes Ein- und Ausatmen – und Muskelentspannung helfen, die Intensität der Erregung abzubauen.

Eine andere Alternative sind Rückzug oder Zerstreuung. Das heißt nicht, daß man die Situation nicht analysieren und ausdiskutieren sollte – aber erst, wenn die physiologische Erregung abgeklungen ist. Bis dahin sind eine kurze Auszeit und die Konzentration auf sich selbst die besten Therapien – lesen, Musik hören oder Brot backen helfen, um auf andere Gedanken zu kommen.

Selbstbehauptung. Natürlich ist es nicht immer sinnvoll, Ärger zu bagatellisieren, ihn neu zu bewerten oder ihn in körperliche Aktivitäten zu kanalisieren. Oft müssen wir unsere Interessen verteidigen. Sobald sich die Gemüter einigermaßen beruhigt haben, kommt es darauf an, daß wir unsere Verärgerung ruhig und kontrolliert an den Mann (oder die Frau) bringen. Die folgenden Regeln helfen dabei weiter:

- Regen Sie sich erst ab, bevor Sie den anderen zur Rede stellen – rein physiologisch betrachtet, dauert es etwa zwanzig Minuten, bis Ihr Körper wieder von der Palme heruntergestiegen ist.
- Bereiten Sie sich auf das Gespräch vor, indem Sie Ihre Argumente im Geist vorformulieren.
- Bemühen Sie sich um einen ruhigen, sachlichen Ton und eine neutrale Körpersprache. Drohende Blicke und geballte Fäuste werden in allen Kulturen als Zeichen der Aggression interpretiert.
- Beschränken Sie Ihre Kritik auf das Verhalten, das Sie jetzt und heute geärgert hat (»Bitte hören Sie mit dem Holzsägen auf, es ist Mittagszeit«). Pauschalvorwürfe (»Nie hat man hier seine Ruhe, haben Sie nichts anderes zu tun?«) provozieren nur neuen Streit.

Oft hilft in Ärgersituationen schon das Wissen, seine Interessen im Notfall angemessen vertreten zu können, um die Bedrohung weniger intensiv zu erleben und entspannter mit ihr umgehen zu können.

Angst und Sorge

Angst ist eine Reaktion auf bedrohliche oder ungewisse Situationen, in denen der Mensch fürchtet, die Kontrolle über seine

Umwelt zu verlieren. Angstauslösende Faktoren sind unter anderem:

- allgemeinere Gefahren – die Angst vor einer bevorstehenden Operation, vor dem Altwerden, vor Umweltkatastrophen;
- fremde, nicht kalkulierbare Situationen – die Angst vor neuen Technologien, vor einem Umzug in eine fremde Stadt, vor unerklärlichen nächtlichen Geräuschen;
- soziale Beziehungen – die Angst vor Zurückweisung, Isolation, gesellschaftlichem Mißerfolg;
- Leistungssituationen – Prüfungsangst oder die Angst, einer neuen beruflichen Herausforderung nicht gewachsen zu sein;
- moralische Probleme.

Während Trauer und Ärger soziale Emotionen sind, ist Angst häufig ein Produkt des Alleinseins.

Die Neurobiologie der Angst

Angstgefühle dienen dazu, den Körper auf Flucht, Erstarrung und Angriff vorzubereiten. Neuronale Prozesse im limbischen System bewirken eine Sympathikuserregung und damit eine Ausschüttung von Adrenalin. Eine Streßreaktion wird in Gang gesetzt, bei der das Herz schneller schlägt, der Blutzuckerspiegel steigt und die Pupillen sich erweitern. Die gesamte Aufmerksamkeit richtet sich auf die vorliegende Gefahr.

Überlebensmechanismus Angst

Wie Ärger ist auch Angst eine physiologische Reaktion, die das Überleben bei einer unmittelbar anstehenden Gefahr ermöglicht. Im Körper herrscht Alarmstufe I. Wir können kaum etwas anderes tun, als uns Sorgen darüber zu machen, was geschehen könnte und wie wir für unsere Sicherheit sorgen könnten; alles andere wird ignoriert. Das war nicht nur für unsere Vorväter bei der Begegnung mit wilden Tieren lebensrettend, sondern kommt auch den Menschen des 20. Jahrhunderts zugute. Zum Beispiel in einer gefährlichen Situation im Straßenverkehr, oder wenn wir vorsichtshalber einen großen Bogen um eine Gruppe von Skinheads machen. Die physiologische Angstreaktion erklärt aber auch, warum so viele Menschen verbale oder tätliche Angriffe auf andere schweigend mit ansehen: Sich totzustellen gehört zu unserem evolutionär überlieferten, emotionalen Programm in Angstsituationen.

Das Problem: Im modernen Leben gibt es nur noch relativ wenige Angstsituationen, die man bewältigen kann, indem man die Gefahr direkt angeht und aus der Welt schafft. Viel häufiger kommt es vor, daß wir unser Leben ganz normal weiterführen müssen, obwohl uns eine fortdauernde Bedrohung ängstigt. Trotz der bevorstehenden By-Pass-Operation eines Elternteils müssen wir unsere Steuererklärung ausfüllen. Während die Scheidung läuft, müssen wir den Kindern Rückhalt geben und im Job funktionieren.

Noch problematischer wird es, wenn sich Gedanken an eine echte oder vermeintliche Bedrohung in den Vordergrund drängen, obwohl andere Dinge eigentlich wichtiger wären. Dann kann die Angst außer Kontrolle geraten und zur chronischen Sorge ausarten. Die Beschäftigung mit tatsächlichen oder antizipierten Katastrophen absorbiert nun die ganze Aufmerksamkeit. Paradoxerweise werden dadurch die physiologischen Angstsymptome weniger stark erlebt.

Das ängstliche Temperament

Der ängstliche Typ ist von allen Temperamentstypen der am häufigsten vorkommende. Menschen, die zu Ängstlichkeit neigen, werden stark von ihren Gefühlen bestimmt und lassen sich leicht von ihnen überwältigen. Sie sind oft reizbar, angespannt, nervös und schüchtern. Sie haben ein starkes Bedürfnis, geliebt und akzeptiert zu werden, fühlen sich aber häufig isoliert, schmerzlich anders und inkompetent. Deshalb ziehen sie das Bekannte dem Unbekannten vor, suchen instinktiv nach Sicherheit und fühlen sich in einer vertrauten Umgebung am wohlsten. Dabei sind sie feinfühlig, sensibel, takt- und phantasievoll.

Der Entwicklungspsychologe Jerome Kagan geht davon aus, daß Menschen, die zu Ängstlichkeit neigen, eine chronisch hohe Konzentration von Noradrenalin oder anderen Hirnsubstanzen geerbt haben. Dieser hohe Noradrenalin-Level erregt sowohl den Mandelkern als auch das sympathische Nervensystem über Gebühr.

Andere Forschungen weisen nach, daß ängstliche Menschen mit einer relativ geringen Menge des chemischen Boten oder Neurotransmitters GABA (Gamma-Aminobutyrat-Säure) zur Welt kommen. GABA-Mangel erregt das zentrale und dann das vegetative Nervensystem und führt so zu einer chronischen Grundstimmung der Nervosität, Unsicherheit und Besorgtheit. Um die latenten Angstgefühle nicht noch zu verstärken, reagieren ängstliche Temperamente instinktiv mit Rückzug und meiden Situationen und Menschen, die sie aus dem seelischen Gleichgewicht bringen könnten.

Strategien gegen die Angst

Es gibt grundsätzlich zwei Möglichkeiten, Angst zu bewältigen: Man handelt, um die Bedrohung zu beseitigen, oder man versucht, sich zu beruhigen. Der Psychologe Richard Lazarus bezeichnet das Handeln als »instrumentelle« Bewältigung und die Kontrolle der Gefühle als »emotionsgerichtete« Bewältigung.

Instrumentelle Bewältigung: Gefahr erkannt, Gefahr gebannt. Wie jedes Gefühl hat auch Angst eine positive Seite. Angst ist ein Signal dafür, daß etwas nicht in Ordnung ist. Sie soll uns dazu bewegen, uns über eine bestimmte Situation Gedanken zu machen. Sehen Sie Ihre Ängste als Chance – kaufen Sie ein Auto mit Airbag und ABS; achten Sie besser auf Ihre Gesundheit; nehmen Sie sich vor, mehr zu lesen, um künftig besser mitreden zu können.

Emotionsgerichtete Bewältigung durch Neubewertung. Wie Ärgergefühle lassen sich auch Angstgefühle bewältigen, indem man der als bedrohlich erlebten Situation eine positivere Deutung gibt. Dahinter steht der Gedanke, daß ein Ereignis nur dann eine Streßreaktion auslöst, wenn es als Bedrohung interpretiert wird. Fremdheit, Ungewißheit und Neuartigkeit sind keine absoluten Merkmale, sondern werden von jedem Menschen unterschiedlich stark empfunden. Psychologisch gesehen resultiert Streß aus einem subjektiven, kognitiven Vorgang.

Wenn es also gelingt, eine scheinbare Bedrohung zu relativieren (»Die Durchfallquote bei diesem Prüfer ist eigentlich ziemlich niedrig«), versiegt die Streßerregung. Das funktioniert um so besser, je früher eine Welle der Angst rational gedämpft werden kann.

Emotionsgerichtete Bewältigung durch Desensibilisierung. Wir haben gesehen, daß von Natur aus ängstliche Menschen dazu neigen, Situationen, denen sie sich nicht gewachsen fühlen, zu vermeiden. Langfristig werden die Lebens- und Handlungsspielräume dadurch aber immer kleiner. Wer öffentliche Auftritte, Autofahren oder neue Bekanntschaften scheut, stellt sich selbst ins berufliche und soziale Abseits.

Eine bessere Alternative ist es, mit dem Erregungszustand Angst leben zu lernen. Das setzt voraus, daß man sich den eigenen Angstgefühlen stellt, Angstsituationen in Gedanken durchspielt und sich schließlich Angstreizen bewußt und systematisch aussetzt, sie toleriert und leidenschaftslos beobachtet. Wenn man das immer wieder schafft, nimmt die Angst nach und nach ab – man wird desensibilisiert. Mit der Zeit wächst das Zutrauen in die eigene Fähigkeit, mit der Angst klarzukommen und ihr wirkungsvoll begegnen zu können.

Der Psychologe Melvyn Kinder entwickelte für einen Patienten, der bei Begegnungen mit neuen Menschen oder als Gast bei größeren Festen regelmäßig in nervöse Hektik verfiel, das folgende Programm: »Er sollte sich vorstellen, wie es für ihn war, wenn er einen Raum betrat, wo alle ihn anstarrten. Dabei merkte er, wie er aufgeregt wurde. Er wiederholte es einige Male mit der Anweisung, nichts zu tun, als die Aufregung bewußt zu fühlen. Nach und nach wurde sie immer geringer, sogar als ich ihm noch zusätzlich auftrug, sich vorzustellen, daß da Leute wären, die ihn übersahen oder ihn so uninteressant fanden, daß sie sich schon nach kurzem Gespräch wieder von ihm abwandten.« Nach wenigen Monaten fühlte sich der Patient bei gesellschaftlichen Anlässen sehr viel wohler. Das lag auch daran, daß er gelernt hatte, seine Schüchternheit zu akzeptieren, statt sie überspielen zu wollen.

Trauer und Alltagsdepression

Trauer und depressive Verstimmungen sind Anpassungsreaktionen auf Veränderungen und Verluste, insbesondere solche, deren Sinn wir nicht erkennen können. Klassische Auslöser für Trauer sind:

- unwiderrufliche Verluste – wie der Tod eines nahestehenden Menschen, ein unerfüllter Kinderwunsch oder das Scheitern eines Lebenstraums;
- Rollen-, Status- und Machtverluste – der Auszug der Kinder aus dem Elternhaus oder der Verlust des Arbeitsplatzes;
- Diskriminierung und erlebte Hilflosigkeit – zum Beispiel die Machtlosigkeit nach einer schweren Operation oder das zerstörte Selbstwertgefühl eines Menschen, der Opfer eines Gewaltverbrechens wurde;
- Traumata in der Vergangenheit – zum Beispiel Mißhandlungen in der Kindheit oder eine Trennung, die nie richtig verarbeitet wurde;
- Erschöpfung – zum Beispiel durch die Pflege eines alten Menschen oder die Doppelt- und Dreifachbelastung des Alltags.

Wie gut oder schlecht man solche Belastungen verkraften kann, hängt sehr stark vom Selbstwertgefühl, den eigenen Idealen, der Weltsicht und der Unterstützung durch Familie oder Freunde ab.

Depression kann viele Gesichter haben. In diesem Kapitel geht es nicht um die Krankheit Depression, sondern um leichtere depressive Verstimmungen. Die kalifornische Psychotherapeutin Ellen McGrath bezeichnet die Funktionsfähigkeit im Alltag als das klarste Unterscheidungsmerkmal zwischen depressiven Verstimmungen und schweren Formen der Depression. Streßtheoretische Untersuchungen zeigen, daß es nicht so sehr dramatische Ereignisse und schwere Lebenskrisen sind, die zu chronischer Depressivität führen, sondern eher einzelne geringere Belastungen, die sich gegenseitig aufschaukeln.

Die Neurobiologie der Trauer

Trauer und Niedergeschlagenheit sind mit einer Reihe physiologischer Veränderungen verbunden. Ein niedriger Aminspiegel (Noradrenalin, Dopamin, Serotonin) führt zu Schlafstörungen, Appetitlosigkeit, Erschöpfung, Teilnahmslosigkeit und Rückzug von Menschen und Aktivitäten. Der Stoffwechsel des Körpers wird verlangsamt, die Abwehrkraft des Immunsystems vermindert. Bei Witwen und Witwern treten Herzerkrankungen im Vergleich zu verheirateten Vergleichsgruppen auffällig häufig auf und bestätigen die Metapher vom »gebrochenen Herzen«.

Überlebensmechanismus Trauer

Trauer schwächt unser Interesse und unsere Energie für die Aktivitäten des normalen Lebens. Evolutionär betrachtet hat diese Antriebslosigkeit dafür gesorgt, daß geschwächte Menschen in der Nähe ihrer Behausung blieben, wo sie sicherer waren. Für den modernen Menschen sind seelische Tiefs ein Zeichen, daß er an innere und äußere Grenzen gestoßen ist. »Gesunde« Depressionen sind ein Alarmsignal, daß es an der Zeit ist, sich auf das Wesentliche zu konzentrieren, auf die innere Stimme zu hören und bestimmte Lebensbereiche neu oder realistischer zu organisieren.

Es wird im Leben immer Situationen geben, die Gefühle der Depression hervorrufen müssen, wenn wir sie seelisch verarbeiten wollen. Trauer ist eine sinnvolle Anpassungsreaktion unseres Organismus. Wenn aber Melancholie und Niedergeschlagenheit zu Dauerbegleitern werden, ohne daß ein rechter Grund dafür erkennbar ist, ist das ein Warnsignal.

Menschen, die zu depressiven Verstimmungen neigen, sind notorische Grübler und Schwarzseher – Stadtneurotiker à la Woody Allen. Nichts erscheint ihnen sicher, sie fühlen sich in einer bedrohlichen Welt verloren. Das Gefühl diffuser Schuld und eigener Wertlosigkeit wird zur Grundstimmung. Verzagtheit, Mißtrauen und innere Leere überziehen die Welt mit einem zähen Spinnennetz.

Schon die alten Griechen führten Depressionen auf ein Ungleichgewicht der Körpersäfte zurück. Mittlerweile vermutet die Wissenschaft, daß selbst leichtere depressive Verstimmungen biochemische Ursachen haben können. Beispielsweise scheint bei Menschen, die für Depressivität anfällig sind, zu wenig Serotonin in die Teile des Gehirns zu gelangen, die die Emotionen kontrollieren. Antidepressiva wie zum Beispiel Prozac machen sich diese Erkenntnis zunutze und fördern den Serotoninfluß. Mehr Serotonin bedeutet größere Erregung. Auf diese Weise werden die Gedanken stärker nach außen gelenkt, die Fixierung auf den eigenen Seelenschmerz wird durchbrochen.

Einer anderen Theorie zufolge kann die Neigung zu negativen Gedanken und schlechter Stimmung mit den jeweiligen Aktivitäten der beiden Gehirnhälften zusammenhängen. Carrie Schaffer von der Universität von Yale legte einer Gruppe von College-Studenten einen Depressions-Fragebogen vor. Anschließend wurden das EEG (Elektroenzephalogramm) der Studenten, die ihrer Punktzahl nach am depressivsten waren, mit dem EEG der Teilnehmer mit der positivsten Grundstimmung verglichen. Dabei stellte sich heraus, daß die Studenten mit der negativen Grundstimmung eine stärkere elektrische Aktivität im rechten vorderen Hirnbereich aufwiesen.

Für die Neigung zum Alltagsblues ist aber nicht nur der individuelle Neurotransmitter-Cocktail verantwortlich. Eine mindestens ebenso große Rolle spielen die eingefahrenen Denk- und Lebensgewohnheiten. Eine pessimistische Einstellung zum Leben (»Den Termin schaffe ich nie«), das Gefühl, fremdbestimmt zu sein (»Da kann man nichts machen«) und ein geringes Selbstwertgefühl (»Das kann auch nur mir passieren«) haben einen negativen Einfluß auf die seelische Verfassung.

Und noch etwas spielt eine Rolle: Melancholische Menschen kapseln sich gerne ab, sind Einzelgänger und haben vergleichsweise wenige soziale Kontakte. Wegen ihrer Unsicherheit und Trübsinnigkeit fühlen sie sich in Gegenwart von Menschen ohne Depressionen leicht ängstlich, unsicher und zurückgesetzt. Studien von Abraham Rosenblatt von der Universität von Kalifornien und Jeff Greenberg von der Universität von Arizona zeigen, daß Melancholiker am liebsten unter sich bleiben. Das aber hat zur Folge, daß sie keine Chance haben, Alternativen zu ihrem depressiven Erleben und Denken kennenzulernen und ihre eigenen Bewertungsmuster in Frage zu stellen.

Strategien gegen die Depressivität

Die Verarbeitungsstrategien für Alltagsdepressionen hängen von der jeweiligen Ausgangssituation, der Häufigkeit und der Intensität der Niedergeschlagenheit ab.

Auskurieren. Wer nur hin und wieder einmal einen emotionalen Durchhänger hat und den Grund dafür kennt – der Urlaub ist vorbei, nach einer schwierigen Prüfung macht sich die innere Leere breit, in den letzten Wochen hat eine Aufregung die nächste gejagt –, behandelt den Schleier auf der Seele am besten wie eine ganz normale Erkältung. Ihre Traurigkeit zeigt Ihnen, daß Sie eine Verschnaufpause brauchen, um sich von den vergangenen Anstrengungen zu erholen oder an die veränderte Situation anzupassen. Nehmen Sie sich an solchen Tagen wie bei einer körperlichen Erkrankung *bewußt* eine Auszeit von den Anforderungen des Alltags, hängen Sie Ihren Gedanken und Erinnerungen nach und machen Sie Pläne für die nächsten Tage.

Neubewertung. Wie mit Angst und Ärger wird man auch mit Depressivität besser fertig, wenn man versucht, die Dinge in einem neuen Licht zu betrachten. Was die Alltagserfahrung zeigt, haben empirische Studien bestätigt: Trauernde und depressive Menschen richtet es auf, sich mit Menschen zu vergleichen, die in einer ähnlichen Situation sind, denen es aber noch schlechter geht. So beobachteten die US-Psychologinnen Karin S. Frey und Diane N. Ruble, daß Eltern mit geistig behinderten Kindern meist spontan Parallelen zu anderen Eltern ziehen, deren Kinder mit noch schlimmeren Handicaps zu kämpfen hatten. Mütter und Väter, die zum Abwärts-Vergleich neigten, fühlten sich besser, litten seltener unter psychischen Beschwerden und führten eine glücklichere Ehe als Eltern, die ihr Kind eher an gesunden Kindern maßen. Dabei bestand nicht der geringste Zusammenhang zum objektiven Schweregrad der Behinderung des Kindes.

Ablenkung. Chronische Melancholiker leiden häufig nicht an einem konkreten Problem, sondern an ihrer emotionalen Grundstruktur. Weil sie wegen ihres biochemischen Haushalts beständig unterreizt sind und sich innerlich leer fühlen, sind sie anfällig dafür, über frühere Enttäuschungen, verpaßte Gelegenheiten und potentielle Katastrophen nachzudenken und sich auf diese Weise in düstere Stimmungen hineinzumanövrieren. Dagegen hilft am besten ein Repertoire von Ablenkungen – unter Leute gehen, Lesen, Sport, soziales Engagement, Weiterbildung. Die Wirkung solcher Aktivitäten beruht darauf, daß sie den physiologischen Zustand des Körpers verändern: Sie bringen das Gehirn auf ein Erregungsniveau, auf dem depressive Verstimmungen keine Chance haben.

Management der Gefühle

Emotionale Selbstregulierung ist ein Full-Time-Job: Sie wirkt sich auf die Musik, die wir hören, auf die Bücher, die wir lesen, auf die Wahl unserer Freunde, auf unseren Alkohol- und Medikamentenkonsum aus. Bewußt oder unbewußt spüren wir, was unserer Seele guttut: Während gefühlsintensive Menschen die Ruhe der Natur suchen, um sich abzuregen, brauchen coolere, weniger leicht erregbare Gemüter starke Reize wie den Kick beim Drachenfliegen oder Bungee-Springen, damit ihr Gefühlshaushalt stimmt.

In unserem ständigen Bemühen, Gefühle in Schach zu halten, zu regulieren und auszubalancieren, vergessen wir leicht, daß Emotionen nicht nur eine Schwäche, sondern auch ein Potential darstellen. Unsere emotionale Stärke entscheidet darüber, wie gut es uns gelingt, unsere angeborenen Begabungen zu entfalten. Thomas Alva Edison formulierte das prosaisch so: Genie sei nichts anderes als Arbeit und Fleiß.

Die Psychologin Marilyn Ferguson führte eine umfassende Studie an 145 Menschen durch, bei denen eine starke visionäre Begabung vermutet wurde. Fast alle von ihnen erklärten, daß auch andere Menschen in der Lage wären, ähnliches wie sie zu leisten. Als Quelle ihrer Inspiration sahen sie weniger die Intelligenzleistung, sondern Fähigkeiten wie äußerste Konzentration und Aufmerksamkeit, Vorurteilslosigkeit, Intuition oder das Hören auf die innere Stimme.

Dazu paßt folgende Äußerung des Physikers und Biologen Leo Szilard: »Der kreative Wissenschaftler hat viel mit dem Maler und Dichter gemein. Zwar ist der Wissenschaftler auf logisches Denken und analytische Fähigkeiten angewiesen, aber für schöpferische Arbeit reichen diese auf keinen Fall. Wissenschaftliche Erkenntnisse, die bahnbrechende Entwicklungen eingeleitet haben, sind nicht aus vorhandenem Wissen logisch abgeleitet worden: Die kreativen Prozesse, auf denen der Fortschritt der Wissenschaft beruht, vollziehen sich auf der Ebene des Unbewußten.«

Gefühle erkennen und akzeptieren

Das Erkennen der eigenen Gefühle ist das A und O der emotionalen Kompetenz. Nur wer lernt, emotionale Signale wahrzunehmen, zu etikettieren und zu akzeptieren, kann seine Gefühle steuern und vertiefen. Der Schlüssel für den Zugang zum Gefühlsleben heißt Achtsamkeit. Achtsamkeit ist das Sichgewahrwerden und Sichbewußtmachen der eigenen Innenwelt mit dem Ziel, nicht von ihr überwältigt zu werden.

Die meisten von uns haben Verdrängungs- und Vermeidungsstrategien entwickelt, um unangenehme oder inakzeptable Gefühle auszublenden oder umzudeuten. Automatisch und ohne daß wir uns dessen bewußt werden, lassen wir nur bestimmte Gefühle zu und tilgen andere aus unserem Bewußtsein. Weil nicht sein kann, was nicht sein darf, verbieten wir uns, unsere Wut auf das ewig schreiende Baby zu registrieren oder die latente Gereiztheit als Neid auf die florierende Steuerkanzlei des früheren Kollegen zu identifizieren. Damit berauben wir uns der Chance, mit Hilfe unserer Gefühle mehr über uns selbst zu erfahren und entsprechende Korrektivmaßnahmen zu ergreifen.

Um die eigenen Emotionen wahrzunehmen, zu managen und zu entfalten, brauchen wir eine innere Distanz zu uns selbst, die Psychologen als *Meta-Mood* – das Gefühl für die eigenen Gefühle –

bezeichnen. Dabei haben Meta-Mood und Achtsamkeit nichts mit narzißtischer Selbstbespiegelung oder introspektiver Tatenlosigkeit à la Hamlet zu tun. Es geht vielmehr darum, die eigenen Gefühlsturbulenzen als objektiver, neutraler und vor allem nicht wertender Beobachter von außen zu betrachten und zu relativieren.

Es macht einen Unterschied, ob man unreflektiert mit den Türen knallt, oder ob man sich sagt: »Ich bin wütend, weil Johannes seine Eltern über Pfingsten eingeladen hat, ohne mich zu fragen.« Die leidenschaftslose Beobachtung der eigenen Empfindungen bewirkt nämlich eine Aktivierung der neokortikalen Schaltungen. Das instinktive, eingebaute Ärgerprogramm wird abgeschwächt: Niemand kann seinen Ärger cool registrieren und gleichzeitig vor Wut kochen.

Und noch etwas: Eine schlechte Stimmung zu erkennen heißt, sie loswerden zu wollen. Von dem Gedanken »Ich bin wütend, weil ...« ist es nicht weit zu einem Lösungsansatz wie »Dann soll Johannes aber wenigstens die Einkäufe erledigen und das Essen vorbereiten.«

Diese Kultivierung des Gefühlslebens setzt drei Dinge voraus: Zulassen der Gefühle, Achten auf die emotionalen Signale und Identifizieren des Auslösers.

- Hören Sie auf, Gefühle zu interpretieren und einer Zensur zu unterwerfen. Gefühle sind weder gut noch schlecht, sie sind einfach Informationen über uns und unser seelisches Wohlbefinden.
- Machen Sie es sich zur Gewohnheit, auf die emotionalen Zeichen zu hören, die Ihr Körper ständig aussendet: körperliche Symptome wie Schweißausbrüche, Muskelanspannung, Kopfschmerzen, Magenkrämpfe oder Rotwerden, aber auch kognitive Anzeichen wie Unkonzentriertheit, Aufgeregtheit, Gereizt-

heit, Grübeleien oder innere Leere. Versuchen Sie dann, Ihr Gefühl möglichst treffend zu beschreiben: Eifersucht zum Beispiel kann viele Facetten haben, je nachdem, ob Selbstmitleid, Schock, Rache, Minderwertigkeitsgefühle, verletzter Stolz oder die Suche nach Erklärungen im Vordergrund stehen.

- Werden Sie sich darüber klar, was die emotionalen Signale auslöst: Das unbefriedigende Telefonat mit dem Partner? Ein unausgesprochener Vorwurf der Eltern? Das Gefühl, ständig alle unangenehmen Aufgaben zugeschoben zu bekommen? Minderwertigkeitsgefühle, zum Beispiel wegen der undankbaren Hausfrauenrolle? Oder ist die Erregung einfach eine biochemische Reaktion, eine Veränderung des Neurotransmitter-Cocktails im Gehirn, zum Beispiel an den Tagen vor den Tagen?

Achtsamkeit hilft uns, das bestmögliche aus Gefühlen und Stimmungen zu machen. Wenn wir unsere Motive und die Einflüsse, die auf uns wirken, richtig verstehen, sind wir auch eher in der Lage, das Richtige zu tun. Das kann vom heißen Bad gegen die Wintertristesse bis hin zum Nachdenken über den eigenen Kinderwunsch angesichts der Eifersuchtsgefühle auf den Familienzuwachs im Freundeskreis reichen.

Mit den eigenen Gefühlen umgehen

Grundlegende Emotionen wie Hunger, Durst, Angst, Wut, Sexualität und die Versorgung von Kindern gehören zu unserer emotionalen Grundausstattung. Sie sind biologisch in unserer Natur verankert und regen sich in uns, ob wir das wollen oder nicht. Wie kultiviert wir mit solchen angeborenen Verhaltensweisen umgehen, liegt dagegen in unserer Hand: Wir besitzen die Freiheit, zwischen verschiedenen Handlungsmöglichkeiten abzuwägen und nach unseren eigenen Motiven und Maßstäben zu entscheiden.

Ein Beweis für unseren freien Willen ist zum Beispiel die Möglichkeit des Hungerstreiks. Dazu der Verhaltensforscher Bernhard Hassenstein: »Der Hunger ist unzweifelhaft eine biologische Erscheinung; trotzdem kann der Mensch ihn um politischer oder humanitärer, also um kultureller Werte willen unterdrücken, sogar bis zum eigenen Tod hin. Die menschliche Entscheidungsfreiheit reicht also soweit, sich sogar über lebensnotwendige biologische Triebfedern hinwegsetzen zu können.«

Die drei grundlegenden Möglichkeiten, den Ablauf der auf uns einstürmenden Gefühle zu steuern, heißen Beruhigung, Verdrängung und Veränderung der Situation.

Beruhigung

Von Kindheit an ist uns beigebracht worden, daß wir unsere Gefühle beherrschen und unterdrücken müssen. »Ein Junge weint nicht«, »Nimm dich doch zusammen«, »Laß dich nicht so hängen« – ein Großteil unserer emotionalen Erziehung wird von solchen Ermahnungen bestimmt. Als Erwachsene haben wir unsere Lektion gelernt: Wir wissen, wann es angesagt ist, Wut, Frust und Angst zu rationalisieren, nach außen hin nicht zu zeigen, sachlich zu reagieren und uns von unseren Leidenschaften nicht überwältigen zu lassen. Dabei helfen die Strategien, die in den Kapiteln über Ärger, Angst und Depressivität beschrieben wurden.

Verdrängung

Verdrängung ist eine Überlebenstechnik in existentiell bedrohlichen Situationen. Bruno Bettelheim hat bei seinen Untersuchungen über das Verhalten von Gefangenen in Konzentrationslagern festgestellt, daß nur wenige Menschen wirklich zusammenbrachen. Das lag daran, daß sich die meisten Lagerinsassen emotional völlig abschotteten und versuchten, den Horror um sich herum nicht auf sich zu beziehen. Um überleben zu können, mußten sie ihre Gefühle ausschalten.

Ärzte, die ständig mit Leiden und Tod konfrontiert sind, gehen oft in ähnlicher Weise auf innere Distanz. Das ist nicht nur für ihre Patienten belastend, sondern auch für sie selbst. Verdrängung ist auf Dauer keine Lösung. Langfristig führt sie zu einer Störung der emotionalen Wahrnehmungs- und Erlebnisfähigkeit, zu Gefühllosigkeit und zur Abkopplung vom eigenen Ich.

Trotzdem ist Verdrängung ein Abwehrmechanismus, zu dem fast alle Menschen hin und wieder greifen – wie zu einem Glas Wein oder einem leichten Beruhigungsmittel. Was Sie dabei wissen sollten: Wenn die »Bloß-nicht-daran-denken«-Haltung zur Gewohnheit wird, kann sie genauso wie Alkohol und Tranquilizer suchtbildend sein.

Veränderung der Situation

Das Wort Emotion geht auf das lateinische emovere (sich nach außen bewegen) zurück und deutet damit schon von seinen etymologischen Wurzeln her auf Bewegung und Veränderung hin. Tatsächlich sind Gefühle in der Regel mit einem unwillkürlichen Impuls verbunden, etwas zu tun. Emotional intelligente Menschen lassen sich von ihren Gefühlen nicht überfluten, sondern nutzen die freigesetzten Energien, um neue Kompetenzen zu entwickeln, ihr Selbstvertrauen zu stärken oder sich Risiken zu stellen. Eine Frau, die aus Angst vor nächtlichen Überfällen eine Selbstverteidigungstechnik erlernt, setzt ihre Angst produktiv um: Die Fähigkeit, sich gegen einen Angreifer wehren zu können, macht die Angst erträglicher und senkt die reale Gefahr. Das gleiche gilt für den Bewerber, der seinen Ärger, die begehrte Stelle nicht bekommen zu haben, einspannt, um sich auf das folgende Vorstellungsgespräch mit größter Gründlichkeit vorzubereiten.

Das vorhandene Potential nutzen

Zuverlässig erfolgreiche Sportler wissen es: Das mentale Training ist genauso wichtig wie die körperliche Fitneß. Höchstleistungen erfordern eine Kombination von Gefühlen, die man bewußt in sich erzeugen kann – Willenskraft, die Fähigkeit zur Selbstmotivation, eine optimistische Grundhaltung, ein positiver Erklärungsstil und das Vergessen von Zeit und Raum.

Nimm zwei: Impulskontrolle

In den sechziger Jahren stellte der Psychologe Walter Michel an einer Vorschule in Stanford eine Gruppe von Vierjährigen vor die folgenschwere Entscheidung: »Ich gehe jetzt kurz einkaufen. Auf dem Tisch steht eine Schüssel mit Marshmallows. Wer will, kann sich jetzt gleich eine Süßigkeit nehmen. Wer es aber schafft, mit dem Naschen zu warten, bis ich zurückkomme, darf sich nachher zwei Marshmallows holen.«

Für einige Kinder war der Fall klar – kaum hatte der Versuchsleiter den Raum verlassen, schnappten sie sich ihr Bonbon. Andere zögerten, konnten dann aber der Verlockung doch nicht widerstehen und griffen zu. Die dritte Gruppe schaffte es, unterstützt durch allerlei selbsterdachte Ablenkungsmanöver, zu warten – endlose zwanzig Minuten lang. Sie bekam, wie versprochen, am Ende den doppelten Lohn. Eine reife Leistung des emotionalen Gehirns: Die geduldigen Kinder hatten erkannt, daß die momentane »Bestrafung« leicht wog im Vergleich zu der versprochenen »Belohnung«; es war ihnen gelungen, den instinktiven Handlungsimpuls aufzuschieben, der mit jeder Emotion verbunden ist;

und sie brachten die Ausdauer auf, den Verzicht zwanzig Minuten lang durchzuhalten.

Damit war das Experiment aber noch nicht abgeschlossen. Zwölf Jahre später, am Ende der High-School-Zeit, wurden die Versuchsteilnehmer erneut unter die Lupe genommen. Das Ergebnis: Diejenigen, die damals gewartet hatten, besaßen noch immer die Willenskraft, eine Gratifikation aufzuschieben, konnten mit Rückschlägen besser umgehen, waren engagiert und selbstbewußt und hatten sich als die besseren Schüler erwiesen. Die Sofortesser waren im Durchschnitt unsicherer, unentschlossener, litten unter Neid oder Eifersucht, provozierten gern Streit und schnitten in der Schule schlechter ab. Das Erstaunlichste daran: Der Marshmallow-Test hatte für den schulischen Erfolg eine höhere Aussagekraft als ein ebenfalls durchgeführter IQ-Test.

Willenskraft und die Fähigkeit, für ein höheres Ziel Opfer zu bringen, tragen demnach unabhängig vom IQ zur intellektuellen Leistungsfähigkeit bei. Die Fähigkeit zur Impulskontrolle ist eine unabdingbare Voraussetzung dafür, angeborene Begabungen voll entfalten zu können: ob man nun eine Doktorarbeit schreibt, auf dem zweiten Bildungsweg das Abitur nachholt, für einen Marathonlauf trainiert oder für ein Haus spart.

Glaube versetzt Berge: Optimismus und Denkhygiene

Wer sich einen optimistischen Erklärungsstil angeeignet hat (»Ich fühle mich völlig zerschlagen. Aber heute habe ich wirklich viel geschafft«), erzielt oft Ergebnisse, die über seiner tatsächlichen Leistungsfähigkeit liegen. Der Grund: Das angeborene Potential wird durch einen realistischen Optimismus effektiv umgesetzt.

Menschen mit einem negativen Erklärungsstil (»Da hatte ich wieder einmal mehr Glück als Verstand«) stehen sich dagegen mit ihrer Selbstkritik oft selbst im Weg: Sie begründen Mißerfolge entweder

- persönlich (»Wäre ich nur früher aufgestanden!« statt »Wer konnte schon damit rechnen, daß es Mitte Oktober plötzlich schneit?«);
- zeitübergreifend (»Nie redest du mit mir« statt »Du ziehst dich in letzter Zeit vor mir zurück«); oder
- situationsübergreifend (»Im Auto bin ich eine Gefahr für die Allgemeinheit« statt »Ich habe die Situation nicht richtig eingeschätzt. Aber davor bin ich zehn Jahre unfallfrei gefahren.«)

Weil Pessimisten Niederlagen auf persönliche Unfähigkeit oder Hilflosigkeit zurückführen, stecken sie sie nur schwer weg. Ihre mahnende, warnende und nörgelnde innere Stimme führt dazu, daß sie sich passiver und unproduktiver verhalten als optimistischere Menschen und leicht an sich und der Welt verzweifeln.

Wie sehr Optimismus Menschen zu motivieren vermag, beweist eine Untersuchung, die der Psychologe Martin E. P. Seligman 1988 mit Mitgliedern der amerikanischen Olympiamannschaft durchführte. Seligman ermittelte anhand von Optimismustests zunächst die persönlichen Erklärungsstile einer Gruppe von Schwimmern. Einige Zeit später ließ er die Schwimmer auf ihrer jeweiligen Paradestrecke antreten. Als die Sportler aus dem Wasser kamen, wurde ihnen eine schlechtere Zeit mitgeteilt, also sie tatsächlich geschwommen hatten. Beim nachfolgenden Durchgang bestätigte sich Seligmans Vermutung: Während die Optimisten genauso gute, wenn nicht noch bessere Zeiten schwammen, waren die Pessimisten eindeutig langsamer geworden.

Pessimismus wird leicht zur sich selbst erfüllenden Prophezeiung. Dem kann man entgegentreten, indem man die negative innere Stimme mit ihren defätistischen Erklärungsmustern kontrolliert. Pauschalurteile, Übertreibungen und Schuldzuweisungen, mit denen man sich selbst sabotiert, lassen sich durch rationalere und zuversichtlichere Gedanken ersetzen.

Nehmen wir zum Beispiel den Fall des Patienten, dem eine schwierige Herzoperation bevorsteht. Seine innere Stimme sagt ihm: »Hätte ich bloß auf meinen Hausarzt gehört und nicht soviel geraucht. Nach so einer Operation ist man ja nur noch ein halber Mensch. Wer weiß, ob ich überhaupt noch einmal richtig auf die Beine komme?« Damit das Selbstgespräch des Patienten realistischer wird, könnte er sich sagen: »Natürlich ist so eine Operation nicht ohne Risiken. Aber ich habe ausführliche Erkundigungen über Professor Meier eingezogen. Er gilt als Kapazität auf seinem Gebiet. Mein Allgemeinzustand ist, von der Herzgeschichte einmal abgesehen, gut, und bis zur Operation nehme ich auf jeden Fall noch fünf Kilo ab.«

Alles fließt: Warum Leistung süchtig macht

Kennen Sie das? Es gibt Momente, da klappt einfach alles: Die Finger finden die Klaviertasten wie von selbst, der Artikel, den man schon seit Tagen vor sich herschiebt, läßt sich plötzlich wie in Trance formulieren, beim Golfspielen fliegt der Ball ganz ohne die gewohnten Mühen weit und hoch und landet genau dort, wo er landen soll.

Solche Hochphasen, in denen wir unsere Leistungsfähigkeit voll ausschöpfen, in denen alles mühelos von der Hand zu gehen scheint, bezeichnet der ungarisch-amerikanische Psychologe Mihaly Csikszentmihalyi als *Flow*. Damit ist ein Glückszustand gemeint, der aus der intensiven Beschäftigung mit einer Aufgabe entsteht und Raum und Zeit vergessen macht. Das Flow-Erlebnis

Wie vermindere ich sorgenvolles Grübeln und negative Selbstgespräche?

Grübelstopp, so früh wie möglich

Häufige Achtsamkeit:
Welche Gedanken denke ich?
Wie sehen meine Selbstgespräche aus?

Negative Gedanken und Worte »durchstreichen«
(»Ich Dummkopf« – »Mir gelingt nichts« – »Das werde ich nie können«)

Unterbrechen der Grübelsituation, z. B. durch Gespräche mit Freunden, Telephonate, ablenkende Tätigkeit, Aufstehen vom Schreibtisch, anregende Tätigkeit aufnehmen statt schlaflos nachts im Bett liegen

LÄNGERFRISTIG

Mehr über das Gute in Gegenwart und Vergangenheit denken und sprechen

Engagierte Tätigkeiten, stimulierende Ziele und Ideen

Regelmäßige Atem-Entspannung, Yoga, Bewegungstraining

Klärung von Sorgen und Belastungen, z .B. durch Tagebuchschreiben oder Gespräche

Nach: Süddeutsche Zeitung, 11./12. Mai 1996

wirkt auf die Psyche wie ein lang anhaltender Adrenalinstoß. Wissenschaftliche Studien deuten darauf hin, daß wir das Glücksgefühl der Leistungseuphorie einer konzertierten Aktion des körpereigenen Belohnungsstoffes Dopamin mit dem Peptid Cholecystokinin (CCK) verdanken. Sowohl Dopamin als auch CCK sind in einem Teil des limbischen Systems, das als körpereigenes Belohnungssystem fungiert, reichhaltig vorhanden.

Es gibt Mittel und Wege, das Gehirn dazu zu bringen, diesen berauschenden Belohnungscocktail zu mixen. Dazu müssen zwei Voraussetzungen erfüllt sein:

Einsatz und Energie. Flow-Erfahrungen erfordern Können, Wissen und die absolute Identifikation mit einer Herausforderung. Nicht umsonst sind es vor allem Künstler, Hochleistungssportler, Chirurgen, Bergsteiger oder Schachspieler, die durch häufige Flow-Erlebnisse zu immer höheren Leistungen angespornt werden. Weniger begabte Menschen haben die Chance, die Leistungseuphorie zu erleben, wenn sich Herausforderung und Leistungsniveau in etwa die Waage halten: wenn der Squash-Gegner etwas besser spielt als man selbst oder das zu übende Saxophonstück weder zu simpel noch zu komplex ist.

Konzentration. Flow-Erfahrungen setzen voraus, daß uns das, was wir tun, gefangennimmt. Das eigene Ich mit seinen Ängsten und Zweifeln tritt in den Hintergrund. Die anstehende Aufgabe wird zu einer Form von Meditation. Die Arbeit und die konzentrierte Anstrengung selbst beflügeln uns, nicht eine Gratifikation wie Sieg oder Erfolg.

Den Zustand des Fließens gibt es also nicht gratis. Er entschädigt aber mehr als Geld oder Anerkennung für vorangegangene Mühen. Jedesmal, wenn er sich einstellt, wachsen wir ein Stück über uns selbst hinaus.

Sich in andere Menschen einfühlen

Emotionale Intelligenz beinhaltet nicht nur das Management der eigenen Gefühle. Mindestens ebenso wichtig ist die Empathie, die Einfühlung in die Emotionen anderer Menschen. Ob wir einen Freund im Krankenhaus besuchen, unsere Liebesbeziehung ausdiskutieren, einen wutentbrannten Dreijährigen beruhigen, einem Spendenaufruf folgen oder einfach nur unser altes Auto so gut wie möglich an den Mann bringen wollen: In all diesen Situationen sind wir gefordert, uns in das Erleben, die Schwierigkeiten, die Erwartungen anderer Menschen hineinzuversetzen – auch dann, wenn wir selbst ganz anders denken und fühlen. Das setzt voraus, daß wir in der Lage sind, Gesichtsausdruck und Körperhaltung anderer richtig zu deuten, die Situation auch aus ihrer Sicht zu sehen und ihre Gefühle zu antizipieren.

Überlebensmechanismus Empathie

Evolutionsbiologisch gesehen war es bis vor wenigen Jahrzehnten für den Menschen überlebensnotwendig, einer Gemeinschaft anzugehören. Zu unserem angeborenen emotionalen Repertoire gehört es deshalb, die Stimmungen und Absichten anderer Personen einzuschätzen, enge Beziehungen zu ihnen herzustellen und emotionale Situationen zu beurteilen.

Erfahrungen mit Patienten mit Hirnläsionen und hirnchirurgische Experimente mit Affen zeigen, daß Beeinträchtigungen besonders der rechten Gehirnhälfte, der Präfrontallappen und des Mandelkerns zu Störungen der emotionalen Kommunikation führen: So haben zum Beispiel Menschen nach Schlaganfällen oder Verletzungen der rechten vorderen Gehirnhälfte oft Schwierigkeiten mit der Prosodie der Sprache. Das heißt, die emotionale Botschaft einer Äußerung läuft an ihnen vorbei. Aprosodiepatienten erkennen keinen Unterschied zwischen einem höflichen und einem drohenden »Wir sehen uns«. Aus solchen Beobachtungen kann man schließen, daß die Reaktion auf bestimmte emotionale Signale in der Struktur des Gehirns angelegt ist. Empathie gehört wie Ärger, Furcht und Trauer zu unserer biologischen Grundausstattung.

Empathie ist erlernbar

Empathie läßt sich aber nur zum Teil auf neurobiologische Grundvorgänge zurückführen. Was wir daraus machen, hängt in hohem Maße von unserer Erziehung und unserem kulturellen Umfeld ab.

Zahlreiche Tests zeigen, daß zwischen Empathie und akademischer Intelligenz praktisch kein Zusammenhang besteht. Norman Frederiksen untersuchte in einem Experiment, wie gut Medizinstudenten in einem simulierten Gespräch einer »Patientin« mitteilen konnten, daß sie möglicherweise an Brustkrebs leide und eine Entfernung der Brust notwendig sei. Die Studenten, die in einem Test über ihr Fachwissen am besten abschnitten, zeigten im Gespräch am wenigsten menschliche Wärme und Einfühlungsvermögen.

Umgekehrt kann aber die Fähigkeit, sich in andere einzufühlen, den akademischen Erfolg positiv beeinflussen: Kinder, die nonverbale Signale gut zu deuten wissen, schneiden in der Schule durchschnittlich besser ab, als Kinder mit einem genauso hohen IQ, aber einer geringeren Empathiefähigkeit.

Dabei werden die Weichen für Sensibilität und Mitgefühl früh gestellt. Wie die Psychologen Richard Koesten, Joel Weinberger und Carol Franz in einer Langzeituntersuchung herausfanden, ist es für die Entfaltung der Empathie besonders wichtig, daß beide Eltern feinfühlig und angemessen auf die Signale des Kindes reagieren. Ein Baby hat nur eine Möglichkeit, Hunger, Durst, Langeweile, nasse Windeln, Müdigkeit, Bauchschmerzen mitzuteilen: Es weint. Vom Einfühlungsvermögen der Eltern hängt es nun ab, ob sie das Signal richtig entschlüsseln. Wenn die Eltern die Wünsche und Bedürfnisse des Babys häufig mißdeuten – es zum Beispiel füttern, obwohl ihm eigentlich langweilig war –, lernt das Baby nicht, Gefühle voneinander zu unterscheiden. Weiter deuten die Ergebnisse der Studie darauf hin, daß ein Erziehungsstil zu Rücksicht, Fairneß und Kompromißbereitschaft das Einfühlungsvermögen von Kindern fördert. Kinder, die erfahren, daß alle Familienmitglieder Bedürfnisse haben, können sich als Erwachsene besser in die Stimmungen und Wünsche anderer hineinversetzen, als Kinder, die als Zentralgestirn der Familie aufgewachsen sind.

Gefühle zulassen und zeigen

Einfühlung in andere setzt voraus, daß wir unsere eigenen Gefühle kennen, akzeptieren und nicht unterdrücken. Wer Angst vor den eigenen Gefühlen hat, wird auch die emotionalen Signale anderer Menschen ignorieren, solange es geht. Vor allem Männer haben gelernt, Konflikte und Probleme auf der sachlichen Ebene zu lösen, nicht auf der emotionalen. Die Schwierigkeiten im Job, der beunruhigende medizinische Befund, die abnehmende Leistungsfähigkeit sind unter Männern nur selten ein Thema.

Wer sich hinter der Fassade der Sachthemen (Computer, Sport, Politik etc.) und der guten Laune versteckt, veranlaßt andere dazu, sich ebenso zu verhalten. Empathie erfordert authentische, fassadenfreie Beziehungen. Es ist schwer, einem kranken Freund gegenüber Mitgefühl zu zeigen, der systematisch jedes Gespräch über seine Situation abblockt. Oder die Unsicherheit der Freundin zu erspüren, die gerade das erste Kind bekommen hat, aber kein Wort über die Ängste in der Schwangerschaft, die Geburt und die schlaflosen Nächte verliert.

Aktives Zuhören

Wenn uns andere Menschen ihre Gedanken, Sorgen oder Ängste anvertrauen, antworten wir darauf meistens mit einem eigenen, ähnlichen Erlebnis (»Du, das kenne ich. Als meine Mutter vor zwei Jahren die Gallenoperation hatte ...«) oder mit gut gemeinten Ratschlägen (»Du brauchst einfach mal einen Urlaub«, »Ich an deiner Stelle würde mir diese ewigen Überstunden nicht gefallen lassen«, »Such dir doch endlich einen anderen Arzt«).

Beides kann zwar bei Alltagsproblemen manchmal ganz hilfreich sein. In Krisensituationen oder bei schwierigen Entscheidungen sind solche ichbezogenen Reaktionen aber wenig konstruktiv: Sie führen leicht dazu, daß wir uns im Fahrwasser des eigenen Erlebnisses verlieren, oder daß sich der Gesprächspartner überfahren, nicht wirklich verstanden oder sogar unter Druck gesetzt fühlt.

Die Alternative heißt »aktives Zuhören«, also Einfühlung in die Gefühls- und Gedankenwelt des Gegenübers, ohne sie zu bewerten. Indem der Zuhörer die Sachinformationen des Betroffenen (»Der neue Job wäre natürlich schon eine Herausforderung«, »Jens und ich gehen uns nur noch auf die Nerven«) in die dahinterstehenden Gefühle und Empfindungen rückübersetzt (»Es fällt dir schwer, dich zu entscheiden«, »Du meinst, daß du dich von Jens innerlich gelöst hast?«), unterstützt er den Gesprächspartner, sein Erleben zu klären und sich seiner Gefühle gewahr zu werden. Das aktive Zuhören ist eine Form der Hilfe zur Selbsthilfe und stellt deshalb eine wichtige Kommunikationsform für Therapeuten und Erzieher dar. Es hat den Vorteil, daß sich das Gespräch weiterhin um die Situation des Betroffenen dreht. Er und sein Erleben sind Mittelpunkt, der Zuhörer fungiert als Resonanzboden.

Der Körper fühlt mit

Vor etwa zehn Jahren schlossen die Psychologen Jocobo Grinberg-Zylberbaum und Julieta Ramos von der Universität von Mexiko City jeweils zwei Personen in einem abgedunkelten, schalldichten Faradayschen Käfig ein. Die Versuchsteilnehmer saßen mit geschlossenen Augen einen halben Meter voneinander entfernt und durften mit ihrem Partner weder sprechen noch ihn berühren. Ihre Aufgabe lautete, sich die Gegenwart des anderen bewußt zu machen und geistig Kontakt mit ihm aufzunehmen. Während des fünfzehnminütigen Versuchs zeichnete ein Elektroenzephalogramm die Gehirnströme der Testpersonen auf.

Grinberg und Ramos erhielten auf diese Weise sechsundzwanzig Hirnstromkurven, die sie unabhängigen Sachverständigen in allen möglichen Zweierkombinationen vorlegten. Das Erstaunliche: Die Begutachter konnten aufgrund synchroner und in einigen Fällen nahezu deckungsgleicher Muster 70 Prozent der Paare richtig zuordnen.

Eine ähnliche physiologische Grundlage der Empathie legt eine Studie der Psychologen Robert Levenson und Anna Ruef von der Universität von Kalifornien nahe. Levenson ließ Ehepaare bei einer Diskussion über ein typisches Streitthema ihrer Ehe filmen und ihre physiologischen Daten, zum Beispiel den Herzschlag und die Schweißabsonderung, messen. Danach bat Levenson beide Partner, sich die Videoaufnahme unabhängig voneinander anzusehen und zu erzählen, was sie selbst während der Auseinandersetzung empfunden hatten und wie sich wohl der Partner gefühlt haben mochte. Auch in diesem Durchgang wurden die physiologischen Daten registriert.

Das Ergebnis: Das größte Einfühlungsvermögen brachten jene Teilnehmer auf, die bei der Beschreibung der Gefühle des Partners körperlich ähnlich reagierten wie der beobachtete Ehegatte. In Augenblicken des Streitgesprächs, in denen sein Herz schneller schlug, stieg auch der Herzschlag der Ehefrau an, wenn sie seine Gefühl wiedergab. Dagegen fehlte bei Testteilnehmern, die die Gefühle ihres Partners nur unzulänglich beschreiben konnten, auch die körperliche Abstimmung.

Soziale Beziehungen gestalten

Empathie ist das Vermögen, sich in die innere Gefühls- und Erlebniswelt anderer Menschen einzufühlen, und damit die Wurzel der Interaktion mit anderen Menschen. Die *soziale Kompetenz* hat dagegen mehr mit dem äußeren Zusammenleben der Menschen, dem reibungslosen gesellschaftlichen Ablauf und der Beherrschung der sozialen Spielregeln zu tun. Um sich in die Schulangst seiner Tochter einzufühlen, braucht man Empathie. Der Lehrerin dieses Problem zu vermitteln und sie als Verbündete zu gewinnen, erfordert soziale Kompetenz. Dazu gehört es zum Beispiel, ein angenehmes Gesprächsklima zu schaffen, andere zu überzeugen und zu motivieren, Konflikte zu moderieren, Probleme aus verschiedenen Seiten zu betrachten, die Bezugs- und Interaktionssysteme von Gruppen zu erkennen.

Daß soziale Kompetenz im Privat- wie im Berufsleben eine immer wichtigere Rolle spielt, ist kein Zufall: Noch nie zuvor in ihrer Geschichte waren die Menschen so sehr wie heute gezwungen, ihr soziales Leben selbst zu organisieren. Noch bis vor wenigen Jahrzehnten wurde der Mensch in eine bestehende Gemeinschaft hineingeboren, in der jeder wußte, was er von jedem anderen zu erwarten hatte und was er jedem anderen schuldete. Das engmaschige Netz aus gegenseitigen Verpflichtungen und sozialer Kontrolle ließ zwar wenig Raum für Autonomie und Individualität des einzelnen. Dafür aber waren soziale Beziehungen etwas Selbstverständliches, um das man sich nicht groß zu kümmern brauchte. Hinzu kommt der Wandel von der Produktions- zur Dienstleistungs- und Informationsgesellschaft. Kommunikation und Interaktion gewinnen damit auch im Berufsleben eine immer höhere Bedeutung.

Von der Mühe sozialer Beziehungen

Während die »Old-Boys«-Netze der englischen und amerikanischen Clubs und Universitäten zu allen Zeiten ein selbstverständliches, geachtetes Mittel gegenseitiger Unterstützung waren, gilt es hierzulande als ausgesprochener Makel, über Beziehungen an die bezahlbare Altbauwohnung in der Innenstadt, die begehrte Teilzeitstelle oder die Einladung zu einer internationalen Tagung gekommen zu sein. Unsere Gesellschaft assoziiert solche Erfolge in aller Regel negativ: mit »Vitamin B«, Seilschaft, »Amigosystem«, niemals aber mit Eigenleistung, Kraft und Kompetenz.

Was wir dabei gerne übersehen, ist die Tatsache, daß es tragfähige, zwischenmenschliche Beziehungen in unserer Gesellschaft immer seltener zum Nulltarif qua Geburt gibt. Spätestens beim Umzug in eine andere Stadt muß sich jeder sein soziales Netz, seine Beziehungen und Verbindungen selbst und notfalls immer wieder neu schaffen. Freundschaften und Bekanntschaften aber wollen gepflegt sein. Sie herzustellen und aufrechtzuerhalten erfordert ein vielschichtiges Hin und Her von Leistungen und Gegenleistungen: auf einen spannenden Film zu verzichten, weil eine Freundin anruft und über ein Erziehungsproblem reden will; Kontakt zu den alten Studienfreunden zu halten; das Nachbarskind zu hüten, weil die Tagesmutter ausfällt; an den Geburtstag des Chefs zu denken; am Sonntag nachmittag Bekannten zu helfen, mit der Überschwemmung im Keller fertigzuwerden; eine flüchtige Bekannte zum Kaffee einzuladen. All das erfordert ein Ohr für die Gefühle, Anliegen und Probleme anderer, das Zurückstellen eigener Wünsche und kostet Zeit, Kraft, Geld, Kompromisse und Risikobereitschaft.

So gesehen ist es nur gerecht, wenn sich vielfältige soziale Beziehungen auszahlen: in Form von Informationsgewinn, beruflichem Vorankommen, Bewegungsfreiheit, innerer und äußerer Sicherheit, Puffer in Streßsituationen, Bereicherung des eigenen Lebens.

Die Grundlage sozialer Bindungen ist also Beziehungsarbeit. Dennoch trifft man überall auf Kinder und Erwachsene, die sich zwar alle Mühe geben, Kontakte zu pflegen, dabei aber immer wieder auf Ablehnung stoßen. Meistens wissen sie selbst nicht, woran das liegen kann.

Ihre Mitmenschen schon eher: Soziale Außenseiter wirken irgendwie »seltsam«, lachen an unpassender Stelle, wissen nicht, wann ein Gespräch beendet ist, reden zu viel, zu wenig oder immer nur von sich selbst, rücken uns zu nahe, sei es nun körperlich oder durch neugierige Fragen, meiden den Blickkontakt. Psychologen bezeichnen dieses Verhalten als *Dyssemie* – die Unfähigkeit, emotionale Signale richtig zu deuten.

Dyssemikern fehlt es unter anderem an Kompetenz in drei Bereichen, in denen sozial geschickte Menschen brillieren: Sensibilität für eigene und fremde Körpersignale, angepaßte Dosierung der Gefühle und Synchronisation der eigenen Emotionen mit denen des Gegenübers.

Mit dem Körper sprechen

In einer Brainstorming-Sitzung bringt Lena einen Vorschlag für die neue PR-Aktion ein. Ihr Chef sagt: »Schöne Idee, Frau Dr. Reichenberg«, macht eine abwinkende Handbewegung und wendet sich dem nächsten Teilnehmer zu. Der Chef kennt die Regeln des Brainstorming: den Ideenfluß zulassen, Kritik für später aufheben. Daran glaubt er, sich mit seinem anerkennenden Kommentar zu halten. Sein Körper aber spricht eine andere Sprache.

Unsere Verständigung mit anderen Menschen läuft nicht nur über Besprechungen, Beziehungsgespräche, Kaffeeklatsch und Small talk, sondern mindestens ebenso sehr über Mimik, Gestik und Stimmlage. Die nonverbalen Signale bestimmen das Gesprächsklima und prägen unser Bild vom anderen meistens mehr als Worte – zumal es trotz aller einschlägigen Seminare wesentlich schwieriger ist, die Körperreaktionen zu steuern als das Sprachverhalten. Sozial geschickte Menschen setzen ihre Körpersprache bewußt ein. Das heißt jedoch nicht, daß sie mechanisch bestimmte Körperbewegungen eintrainieren und reproduzieren. Sie konzentrieren sich vielmehr darauf, die eigene und die fremde Körpersprache zu beobachten und nonverbale Reaktionen sensibel wahrzunehmen.

Ein Meister der nonverbalen Kommunikation ist der Moderator Alfred Biolek. Dazu der Kommunikationstrainer Gert Semler: »Wie nur wenige seiner Zunft schafft Alfred Biolek es in kürzester Zeit, auch bei schwierigen Themen eine vertrauensvolle, ja fast private Gesprächsatmosphäre herzustellen. Er vermittelt seinem Gast, daß er verstehen möchte, was ihn bewegt, was ihn antreibt, worunter er leidet. Er nimmt eine ähnliche Körperhaltung ein, gleicht sich in der Tonhöhe und in der Sprechgeschwindigkeit an, und sein Gesichtsausdruck wechselt – je nachdem, wie sich sein Gesprächspartner gerade fühlt – zwischen heiterer Fröhlichkeit, stirnrunzelnder Skepsis und tiefster Trauer.«

»Bios« Kollege Roger Willemsen setzt dagegen vor allem auf die verbale Kommunikation: »Er ist gewöhnt, die Welt und die Menschen mit der Kraft seines Geistes zu erforschen und vertraut dem gesprochenen Wort mehr als der Sprache des Körpers. Entsprechend wenig beachtet er sie. So kommt es manchmal zu Situationen, in denen Willemsen – in dem ehrlichen Bemühen, noch mehr von seinem Gast zu erfahren – deutliche Abwehrsignale, wie ein Abwenden des Oberkörpers oder des Kopfes einfach ignoriert und sich noch weiter nach vorne beugt. Oder er lächelt seinem Gegenüber auch dann noch charmant und aufmunternd zu, wenn diesem offensichtlich überhaupt nicht zum Lachen zumute ist.«

Die nonverbalen Signale, die wir einem Gesprächspartner senden, wirken sich unmittelbar auf dessen Stimmung und Verhalten aus – der Gesprächspartner wird zum Spiegelbild unserer selbst. Es lohnt sich deshalb, mehr Wahrnehmungsfähigkeit für die Sprache des Körpers zu entwickeln. Nicht zu Manipulations- und Durchsetzungszwecken, sondern um unsere Kommunikation mit anderen um eine zusätzliche Dimension zu bereichern.

Gefühle – wohldosiert

Welche Gefühle vorzeigbar sind und welche nicht, hängt von sozialen Standards ab, die nicht nur in unterschiedlichen Kulturen, sondern bis in die Kleingruppen der Gesellschaft hinein anders definiert sind. So war die unterschiedliche Art, Gefühle zu äußern, in der ersten Zeit nach der Wende mit ein Grund für die Berührungsängste der Deutschen: Ein Westdeutscher hat in einem Hotel in Leipzig Probleme mit der Schlüsselkarte und kann seine Zimmertür nicht öffnen. Ein ostdeutscher Hotelgast kommt vorbei, sagt freundlich: »Das Problem hatte ich gestern auch«, nimmt dem Westdeutschen die Schlüsselkarte unaufgefordert aus der Hand und versucht seinerseits, die Tür zu öffnen. Der Westdeutsche ist für einen Moment irritiert – an die coole Distanziertheit der westdeutschen Wohlstandsgesellschaft gewöhnt, empfindet er die selbstverständliche, zupackende Hilfe des Ostdeutschen als Grenzüberschreitung.

Je größer unsere soziale Kompetenz ist, desto besser sind unsere Gefühle auf die »emotionalen Schemata« oder Vorzeigeregeln abgestimmt, die in einem sozialen Kontext gelten. Sie bestimmen, wer wann welche Gefühle in welcher Form nach außen zeigen darf. Je nach Situation kann es notwendig sein, ein Gefühl

- herunterzuspielen (»Ich hatte heute einfach einen guten Tag« nach der gelungenen Präsentation),
- zu übertreiben (»Schöner Schlag«, nachdem der Ball der Anfängerin immerhin nicht im Aus gelandet ist) oder
- zu ersetzen (»Leider haben wir für den Abend schon Konzertkarten. Sonst wären wir natürlich gerne gekommen« angesichts der Einladung zum Diaabend).

Für Männer gelten andere Regeln als für Frauen. Ein und dasselbe Verhalten gilt bei ihm als unmännlich, bei ihr als einfühlsam; bei ihm als dynamisch, bei ihr als aggressiv; bei ihm als pragmatisch, bei ihr als gefühlskalt. Und schon kleine Kinder lernen, daß man sich auch für ein nicht so gelungenes Geschenk bedankt und kein Theater macht, wenn man im Skirennen Letzter geworden ist. Dabei ist es gar nicht so einfach, seine Gefühle wohldosiert zu zeigen: Ein Zuviel an Selbstbescheidung, Bewunderung oder Rücksichtnahme kann auf andere ebenso irritierend wirken wie das ungefilterte Ausleben der Gefühle.

Vom seelischen Gleichklang und Bann der Gefühle

In einem Artikel vom 31. Mai 1996 zeichnet *DIE ZEIT* ein überaus positives Porträt des ÖTV-Vorsitzenden Herbert Mai. Die Autorin schildert Mai als sensibel, nachdenklich, durchsetzungsfähig, als einen, der das Ohr an der Basis hat und sich dabei nicht verbiegt. Bei aller emotionaler Geschicklichkeit hat der ÖTV-Vorsitzende aber doch eine Schwäche, die seinen Erfolg erschwert: »Herbert Mai ist alles andere als ein mitreißender Redner. Er legt es auch gar nicht darauf an, Emotionen zu wecken und so die Menschen hinter sich zu bringen. Er weiß es selbst: ›Das kann ich nicht.‹ Auf dem Podium wirkt er denn auch eher linkisch und einschläfernd. Vom alten Typus des polternden, klassenkämpferischen Gewerkschafters hat er nichts, weder in den Gesten noch in der Wortwahl.«

Zurückhaltende Redner wie Herbert Mai müssen durch Argumente überzeugen, wo charismatischere Meinungsführer die Kraft der Emotionen einsetzen. Ein schwieriges Unterfangen: Die Niederlage Rudolf Scharpings gegen Oskar Lafontaine beim Parteitag der SPD 1995 hat gezeigt, daß die Zuhörerschaft der Mobilisierung latent vorhandener Stimmungen eher zugänglich ist als dem trockenen Appell an die Vernunft.

Schon C.G. Jung wußte: »Gefühle sind ansteckend«. Was er aufgrund von Beobachtungen erschloß, wird mittlerweile durch zahlreiche Studien bestätigt. Dabei sind es vor allem präsente, ausdrucksstarke Menschen, die passivere in den Bann ihrer Stimmungen ziehen. Je gefühlsbetonter sich ein Mensch ausdrückt, je mehr er seine Stimmung durch Mimik und Gestik zeigt, desto wahrscheinlicher ist es, daß sich seine Gefühle auf seine Zuhörer übertragen.

Menschen, die gut auf die Emotionen anderer eingehen können, besitzen demgegenüber eine erhöhte Empfänglichkeit für emotionale Signale. Unbewußt und nahezu unmerklich imitieren sie Mimik und Körperhaltung, Sprechgeschwindigkeit und Tonfall ihres Gegenübers und schaffen damit die Voraussetzung für seelischen Gleichklang.

Je höher die körperliche Abstimmung, desto stärker ist auch die Angleichung der Gefühle. Die Synchronisation der Emotionen bestimmt, ob man das Gefühl hat, mit anderen Menschen auf einer Wellenlänge zu liegen oder nicht. Sie ist ein Muß für gelungene Beziehungen: im Beruf, in der Familie, in der Partnerschaft, im täglichen Umgang mit anderen Menschen.

Teil 3

Besser leben mit emotionaler Intelligenz

Liebe ist nicht genug: emotionale Intelligenz in der Partnerschaft

Singles aus Überzeugung sind die Ausnahme. Die meisten haben einfach den Mann beziehungsweise die Frau fürs Leben noch nicht gefunden.

Wie kommen wir eigentlich darauf, wer der oder die Richtige ist? Den Rat der besten Freundin, die Einwände des engsten Freundes, die Warnungen der besorgten Eltern schlagen wir meistens in den Wind. Auch unser Verstand hat bei der Partnerwahl nur selten das letzte Wort. Rationale Beweggründe wie materielle Absicherung, Unabhängigkeit von den Eltern oder gesellschaftliche Anerkennung spielen in modernen westlichen Gesellschaften wie der Bundesrepublik eine immer geringere Rolle. Beziehungen sind Herzensangelegenheiten: Ihr Startkapital sind Gefühle – Liebe, Vertrauen, Sympathie, Leidenschaft.

Doch offensichtlich fällt es schwer, die liebevollen Gefühle auf Dauer zu erhalten und mit den emotionalen Wechselbädern einer eingefahrenen Beziehung zurechtzukommen: Wer heute heiratet, hat eine Chance von gerade mal 50 Prozent, daß er tatsächlich einen Bund fürs Leben schließt. Eheberater wissen: Viele Beziehungen scheitern letztlich an der Unfähigkeit, die eigenen Gefühle zu erkennen und sie angemessen mitzuteilen. Von den emotionalen Fähigkeiten der Partner hängt es entscheidend ab, wann das Verfallsdatum einer Liebesbeziehung abläuft.

Die Gefühlswelten von Mann und Frau

Kennen Sie das? Kaum lernt die beste Freundin oder der beste Freund einen Partner kennen, scheint sie oder er für die alte Freundschaft verloren zu sein. Vorbei die gemeinsamen Gespräche bei einer Flasche Prosecco oder einem gemütlichen Bier. Aber keine Sorge: Bei der ausschließlichen Zweisamkeit handelt es sich in der Regel nur um eine vorübergehende Phase. Selbst die harmonischste Partnerschaft kann das Gespräch von Frau zu Frau oder von Mann zu Mann nicht ersetzen. Hier finden wir mühelos, was wir beim Partner nur selten – und wenn, dann erst nach der Beseitigung vieler Mißverständnisse – erleben: das Gefühl, auf der gleichen emotionalen Wellenlänge zu sein.

Nähe und Unabhängigkeit

1991 erschien in Deutschland der Bestseller der Soziolinguistin Deborah Tannen *Du kannst mich einfach nicht verstehen* (Originalausgabe 1990 in den USA). Die Autorin weist wissenschaftlich nach, was die Alltagserfahrung zeigt: Für Männer und Frauen haben Nähe und Unabhängigkeit einen anderen Stellenwert. Wo er Ruhe und Freiheit will, sucht sie nach Gemeinsamkeit und Bindung.

Dies bestätigt auch eine amerikanische Studie an über einhundert Frauen und Männern, die zu mehrdeutigen Bildern Beziehungsgeschichten erzählen sollten. Die Auswertung dieser Geschichten zeigte: Die Mehrzahl der Männer empfand Intimität als Bedrohung; sie hatten Angst, in allzu engen Beziehungen gefangen zu sein. Dagegen befürchteten die meisten Frauen, durch allzu große Unabhängigkeit die Bindung zu gefährden.

Der weibliche Wunsch nach enger Bindung und die männliche Angst vor allzu großer Nähe können sich in Beziehungen zu einer

Druck-Flucht-Spirale entwickeln. Nehmen wir Teresa und Stefan: Die beiden sind ein junges Paar. Teresa möchte möglichst ihre gesamte Freizeit gemeinsam mit Stefan verbringen. Für ihre Hobbys und Freunde nimmt sie sich kaum mehr Zeit. Stefan vermißt die freien Stunden, die er ganz nach seinen Vorstellungen verbringen konnte. Um seine Freiräume zu verteidigen, unternimmt er wieder öfter etwas ohne Teresa. Er trifft sich mit Freunden zum Männerabend oder zum Kneipenbummel und geht neuerdings ein-, zweimal pro Woche zum Squash.

Teresa deutet sein Verhalten als Zeichen, daß er nicht mehr richtig hinter der Beziehung steht, sich womöglich schon nach einer »Neuen« umsieht. Sie bedrängt ihn mit Fragen, Bitten um Zuneigung, Vorwürfen. Stefan, der sich eingeengt und kontrolliert fühlt, zieht sich noch mehr zurück. Sein Rückzugsverhalten und ihr Klammern schaukeln sich gegenseitig hoch. Es beginnt ein Teufelskreis, der sich nur schwer durchbrechen läßt, zumal die schlechte Stimmung immer wieder neue Streitigkeiten um Nebensächlichkeiten verursacht. Die sprichwörtliche nicht zugeschraubte Zahnpastatube kann jetzt ausreichen, um den endgültigen Bruch herbeizuführen.

Gefühle zeigen

Die meisten Frauen sprechen mit vertrauten Personen bereitwillig über Gefühle: Wer kennt nicht die schier endlosen Diskussionen mit Freundinnen am Telefon über Partnerschafts- oder Erziehungsprobleme! Männern dagegen fällt es schwer, ihre Gefühle offenzulegen. Sie diskutieren mit ihren Freunden lieber in aller Ausführlichkeit die letzten Bundesligaergebnisse, nicht gegebene Elfmeter oder die Unfähigkeit mancher Politiker. Viele Frauen stehen regelmäßig vor einer Mauer, wenn sie versuchen, ihrem

Partner Aussagen über sein Gefühlsleben zu entlocken. Gelegentlich drängt sich ihnen die Frage auf: Haben Männer etwa keines?

Tatsächlich fand Edward Diener, Psychologe an der Universität von Illinois, anhand von Fallstudien heraus, daß Frauen emotionale Höhen und Tiefen intensiver erleben als Männer. Als Beispiel besonders extremer weiblicher Emotionalität schildert Diener den folgenden Fall: Eine Frau erfuhr von einem Ausverkauf in einem exklusiven Schuhgeschäft in Chicago. Da sie in einer Kleinstadt wohnte, hatte sie nur selten Gelegenheit, in den teuren Boutiquen Chicagos einzukaufen. Die Vorstellung, günstig exklusive Schuhe erstehen zu können, erregte sie so, daß sie alles stehen und liegen ließ, ins Auto sprang und sofort hinfuhr – eine dreistündige Fahrt. Viele Frauen werden in dieser Geschichte ein kleines Stück von sich selbst wiedererkennen, die meisten Männern nur den Kopf schütteln. In ihren Augen ist es vollkommen unsinnig, für ein Paar modische Schuhe eine so weite Fahrt zu unternehmen.

Der springende Punkt ist aber weniger, daß Männer von Haus aus cooler sind. Vor allem neigen sie dazu, ihre Gefühlsreaktionen zu verbergen. Männer zeigen beispielsweise beim Anblick eines weinenden Kindes die gleichen körperlichen Symptome der emotionalen Erregung (erhöhter Blutdruck, verstärkte Schweißbildung) wie Frauen. Doch während die meisten Frauen prompt reagieren und versuchen, das Kind zu beruhigen, wirken die meisten Männer nach außen hin gleichgültig.

Verantwortlich für die männliche Zurückhaltung in puncto Gefühl dürfte vor allem die unterschiedliche Sozialisation von Jungen und Mädchen sein. Gerade im emotionalen Bereich erleben Jungen ganz andere Erfahrungen als Mädchen – selbst dann, wenn ihre Eltern sich bemühen, in der Erziehung keinen Unterschied zwischen Söhnen und Töchtern zu machen. Denn etwa ab dem siebten Lebensjahr umgeben sich Mädchen fast ausschließlich mit anderen Mädchen, Jungen mit anderen Jungen. Bis zur Pubertät gibt es zwischen Jungen und Mädchen trotz der in den meisten Schulen praktizierten Koedukation kaum Berührungspunkte. Nur ganz selten teilen sich ein Mädchen und ein Junge freiwillig eine Schulbank – und wenn doch, findet die Klasse das unweigerlich zum Kichern.

Untersuchungen zum gemeinsamen Spielen und dem Umgang miteinander ergaben wesentliche Unterschiede zwischen Jungen- und Mädchengruppen. Spiele in Jungengruppen betonen den Aspekt der Konkurrenz; jeder ist letztlich ein Einzelkämpfer. Wenn sich ein Junge beim Fußballspiel den Fuß verstaucht, erwarten die anderen, daß er zur Seite geht, damit sie das Spiel fortsetzen können. Der Verletzte erfährt wenig Mitgefühl. Im Gegenteil, er muß sogar mit Spott rechnen, wenn er sich zu sehr »anstellt«. In den Mädchengruppen überwiegt der Aspekt der Kooperation: Wenn eines der Mädchen sich beim Völkerball den Fuß prellt, unterbrechen die anderen das Spiel und trösten die Verletzte. Sie ist Mittelpunkt der Aufmerksamkeit. Wenn sie nicht mehr mitspielen kann, scheidet womöglich die engste Freundin ebenfalls aus, um sich weiter um sie zu kümmern.

Der amerikanische Psychotherapeut William S. Pollock sieht die Wurzeln für die männliche Scheu vor Gefühlen in der frühen Lösung von der Mutter. In vielen Familien werden Söhne schneller »abgenabelt« als Töchter. Schließlich soll aus einem Jungen ein »richtiger Mann« werden: Er soll lernen, hart und durchsetzungsstark zu sein und Verstand und Logik über die Gefühle zu stellen – ein Indianer kennt keinen Schmerz. Geprägt von den Männlichkeitsvorstellungen, die ihre Erziehung beherrschten, haben viele Männer Angst, als unmännlich zu gelten, wenn sie Gefühle zeigen.

Martina hat erste Spuren des Älterwerdens entdeckt: Die vielen Fältchen um die Augen lassen sich ebensowenig wegleugnen wie die Cellulitis an den Oberschenkeln. Sie ist deprimiert und fürchtet, nicht mehr attraktiv zu sein. Ihrem Mann Bernd fällt Martinas schlechte Stimmung auf. Er fragt, was los ist. Sie schildert ihr Dilemma. Sein Kommentar: »Notfalls läßt du dich in ein paar Jahren mal liften.« Martina ist entsetzt: Findet er sie schon dermaßen unattraktiv? Nimmt er ihre Probleme überhaupt ernst? Jetzt fühlt sie sich noch schlechter als zuvor. Schließlich spricht sie mit einer Freundin. Die hört verständnisvoll zu: Sie hat ebenfalls schon mit Schrecken festgestellt, daß die Jahre nicht spurlos an ihr vorübergegangen sind. Martina fühlt sich verstanden. Nach diesem Gespräch geht es ihr schon viel besser.

Bernd reagierte typisch männlich: Probleme sind dazu da, daß man sie löst. Bernd stören Martinas Falten nicht im geringsten, doch er sieht, wieviel es ihr ausmacht. Packen wir also das Übel an der Wurzel. Er merkt nicht, daß er sie mit seinem patenten Lösungsvorschlag nur verletzt. Martina wollte etwas ganz anderes: einen verständnisvollen Zuhörer, der ihr ihren momentanen Weltschmerz zugesteht.

Simon kommt in euphorischer Stimmung nach Hause. Sein Vorstellungsgespräch war ein voller Erfolg. Ausführlich erzählt er seiner Freundin, wie er den Personalchef beeindruckt hat. Anja hört ihm eine Weile zu. Dann kramt sie Erinnerungen an ihre eigenen Vorstellungsgespräche aus: Sie weiß ja so gut, wie so was abläuft! Simons Stimmung sinkt: Das ist sein Tag! Er ist heute der Held!

Anja will mit ihrer Reaktion zeigen: Sie versteht Simon, sie kann sich bestens in ihn hineinversetzen. Bei ihm kommt etwas ganz anderes an: Sie lenkt von seinem Triumph ab, macht ihn kleiner und alltäglicher. Wenn Männer einmal ihre Gefühle auspacken, wollen sie Exklusivität!

Die verzerrte Wahrnehmung

Susanne und Uwe sind frisch verliebt. Gemeinsam besuchen sie die Examensfeier eines Freundes. Sie wollen nicht eines der Paare sein, die auf Parties ständig aneinanderkleben. Den größten Teil des Abends unterhalten sie sich getrennt voneinander mit Freunden. Zwischendurch werfen sie sich zärtliche Blick zu, lächeln einander an – beide genießen das Fest.

Fünf Jahre später. Susanne und Uwe – inzwischen verheiratet – sind zu einer Geburtstagsfeier eingeladen. Uwe unterhält sich bestens. Susanne findet keinen rechten Draht zu den anderen Gästen. Die Gesprächsthemen langweilen sie. Häufig wirft sie ihrem Mann gereizte Blicke zu. Uwe ist von ihrer miesen Stimmung genervt und meidet den Blickkontakt. Schon auf dem Heimweg fährt Susanne Uwe wütend an: »Das war ja wieder typisch für dich. Du amüsierst dich, und mich läßt du links liegen. Du bist einfach ein rücksichtsloser Egoist.«

Was ist in den fünf Jahren mit den beiden passiert? Ganz sicher hat Susanne schon lange damit aufgehört, Uwe durch die rosarote Brille zu sehen. Am Anfang einer Beziehung nehmen wir den neuen Partner in der Regel nicht objektiv wahr. Wir ignorieren Verhaltensweisen, die uns normalerweise stören, oder beschönigen sie. In längeren Beziehungen dagegen baut sich oft eine Grundstimmung auf, die eine ständige Bereitschaft zum Zorn bewirkt. Wiederum ist die Wahrnehmung des Partners verzerrt; sein Verhalten wird jetzt automatisch negativ interpretiert. Schon kleine Anlässe reichen aus, um den ständig schwelenden Zorn zu entfachen. Im Hinterkopf existiert ja bereits eine lange Kette guter Gründe, auf den Partner wütend zu sein. In Susanne hat sich die Überzeugung festgesetzt, daß ihr Mann nur an sich selbst denkt und sie das Opfer seiner Rücksichtslosigkeit ist. Jede seiner Handlungen wird mißtrauisch überprüft: Ignoriert er wieder einmal ihre Interessen und Gefühle? Die Folge: Sie interpretiert die aktuelle Situation ausschließlich zu seinen Ungunsten. Und sie nährt ihre Wut mit Gedanken, die mit dem augenblicklichen Problem gar nichts zu tun haben.

Auch Uwe fühlt sich als Opfer: Seine Frau stellt seinen Charakter in Frage. Das verletzt und macht wütend. Also geht er zum Gegenangriff über: »Was kann ich dafür, wenn sich keiner mit dir unterhalten will? Kein Wunder bei der miesen Stimmung, die du verbreitest!« Oder er blockt jede weitere Auseinandersetzung ab, indem er wortlos geht und sich fürs erste in Schweigen hüllt.

Der konstruktive Streit

Auseinandersetzungen in Beziehungen müssen keine Rosenkriege sein! Im Gegenteil: Statt zu zerstören, können Konflikte zur Chance werden, die Zufriedenheit beider Partner zu erhalten und zu steigern.

Richtiges Timing

Sandra hat einen langen Arbeitstag hinter sich. Sie ist erschöpft und obendrein in gereizter Stimmung: Sie hat erfahren, daß eine Kollegin in der Firma gegen sie intrigiert. Ihr Freund Hannes hat schon seit einiger Zeit mit dem Essen auf sie gewartet. Er ist sauer und macht seinem Ärger sofort Luft: »Hör mal, so geht das nicht mehr weiter. Du bist ja mit deiner Firma verheiratet!« Sandra explodiert: »Du mußt es ja wissen! Laß mich doch in Ruhe!« und verschwindet in ihrem Zimmer. Der Abend ist gelaufen.

Hannes hätte zunächst Sandras Stimmung ausloten sollen. Dann wäre ihm aufgefallen, daß sie in diesem Moment zu einem fairen Streit nicht in der Lage war: Sie muß sich erst einmal entspannen. Später am Abend, bei einem Glas Wein, kann das Problem auf den Tisch: Durch Sandras starkes berufliches Engagement kommt das Privatleben zu kurz.

Bei allem Bemühen um den richtigen Zeitpunkt: Konflikte dürfen nicht zu lange verschoben werden. Wenn sich der Ärger über den Partner erst einmal zu einem langen Sündenregister summiert hat, sind konstruktive Auseinandersetzungen auch beim besten Timing eher unwahrscheinlich.

Ich-Botschaften

Persönliche Attacken – *Du-Botschaften* – stellen die Person des anderen in Frage. »Du bist ein Verschwender!« Wer in dieser Weise angegriffen wird, fühlt sich verletzt und gedemütigt. Er wird entweder versuchen, Gleiches mit Gleichem zu vergelten: »Und du ein kleinkarierter Geizhals!« Den weiteren Verlauf kann man sich vorstellen: Beide Partner fühlen sich nun verkannt und ungerecht charakterisiert. Verachtung ausgerechnet von dem Menschen, der einen am besten kennen sollte – das bringt einen in Rage. Die wechselseitige Wut eskaliert zu immer verletzenderen Beleidigungen: Warum sollte man die Gefühle des anderen schonen, schließlich kennen auch dessen Angriffe keine Grenzen!

Oder der attackierte Partner blockt jede weitere Auseinandersetzung ab und zieht sich hinter eine Mauer ablehnenden Schweigens zurück. Die zurückbleibende Aggression entlädt er womöglich in einem Akt der Sabotage: Er zahlt es dem anderen bei nächster Gelegenheit heim, indem er ein Ritual der Gemeinsamkeit boykottiert, zum Beispiel den gemeinsamen Einkaufsbummel am Samstag vormittag.

Du-Botschaften lösen keine Konflikte, sie schaffen im Gegenteil sogar neue Probleme. Paare, deren Streitgespräche vorwiegend Du-Botschaften enthalten, zerstören systematisch die Vertrauensbasis.

Wesentlich erfolgversprechender ist es, dem Partner in *Ich-Botschaften* mitzuteilen, was einen beunruhigt, kränkt, ärgert: »Ich mache mir Sorgen um unsere Finanzen. Ich finde, du hättest zu diesem Zeitpunkt keinen neuen Computer kaufen sollen.« Diese Botschaft beinhaltet keine Aburteilung des anderen. Die geäußerten Gefühle (Sorgen um die finanzielle Situation) werden nicht verallgemeinert: *Ich* mache mir Sorgen. Dem Partner wird nicht das Recht abgesprochen, die Situation anders zu empfinden: Vielleicht hat er ein geringeres Sicherheitsbedürfnis und sieht deswegen noch keinen Anlaß zur Beunruhigung. Die Ich-Botschaft signalisiert die Bereitschaft, das Denken des Partners zu respektieren (und ihn nicht von vornherein als »Verschwender« abzustempeln). Diese Haltung bewirkt, daß der andere sich auf eine konstruktive Auseinandersetzung einlassen kann, anstatt rot zu sehen und innerlich zu blockieren. Im weiteren Gespräch können beide Partner ihre Einschätzung der finanziellen Situation darlegen und einen für beide Seiten akzeptablen Kompromiß finden.

Ich-Botschaften bleiben allerdings leer und damit erfolglos, wenn sie nicht ehrlich gemeint sind. Mit anklagender Stimme oder verächtlichem Gesichtsausdruck vorgebracht, provozieren sie die gleichen emotionalen Reaktionen wie Du-Botschaften: Gekränktheit, Wut, Verweigerung. Unter Umständen ärgert sich der andere über eine unechte Ich-Botschaft sogar noch mehr: Durch seine scheinbare Fairneß verschafft sich der Angreifer (denn das ist er in Wahrheit) eine reine Weste. Wenn der Angegriffene wütend reagiert, weil er sich durch den verächtlichen Tonfall oder Gesichtsausdruck provoziert fühlte, hat er den schwarzen Peter. Wer seinen Partner so auflaufen läßt, braucht sich nicht zu wundern, wenn dieser von seiner Palme so schnell nicht wieder herunterkommt.

Management der Wut

Christoph ist wütend. Am Morgen hatte Pia versprochen, sie würde seine Hemden aus der Reinigung abholen. Nun stellt sich heraus, daß sie es vergessen hat. Das Schlimme ist: Christoph muß am nächsten Morgen zu einer mehrtägigen Geschäftsreise aufbrechen, und die Reinigung hat bereits geschlossen.

Wenn Christoph jetzt explodiert und Pia anschreit, ist ein sinnloser Krach vorprogrammiert. Der Abend wird unerfreulich verlaufen; Christoph wird seine Geschäftsreise nicht nur ohne Hemden, sondern womöglich auch noch unausgeschlafen und schlechtgelaunt antreten. Ein Zornausbruch löst weder sein Problem, noch bekommt er der Beziehung. Nicht einmal seine Wut kann Christoph auf diese Weise loswerden. Psychologen haben erkannt, daß es den Zorn eher noch anheizt, wenn man ihm so richtig Luft macht: Die weitverbreitete Vorstellung von der »kathartischen« Wirkung des Wutausbruchs ist mittlerweile durch etliche Forschungsergebnisse widerlegt worden.

Ganz anders sieht es aus, wenn Christoph selbst erkennt, daß ihn die Wut gepackt hat. Das gibt ihm die Chance, zu seinen Gefühlen auf Distanz zu gehen, anstatt sich von ihnen überwältigen zu lassen und Dinge zu sagen oder zu tun, die die Lage nur verschlechtern. An diesem Punkt angekommen, kann er sich aktiv darum bemühen, seiner Erregung Herr zu werden – vielleicht einen Spaziergang machen, bis sich sein Adrenalinspiegel wieder normalisiert hat. Und dann mit freiem Kopf überlegen, daß er sich die Hemden eben nachschicken lassen muß. Jetzt wäre auch der geeignete Zeitpunkt zu einer Grundsatzdiskussion mit Pia: Vielleicht gibt es durch ihre Vergeßlichkeit öfter Schwierigkeiten, die ihr Zusammenleben unnötig belasten.

Fatal wäre es allerdings, in der Abkühlungsphase zornerregende Gedanken zu wälzen – »Wenn man sich einmal auf sie verläßt!«, »Um alles muß ich mich selbst kümmern«, »Sie interessiert sich nicht im mindesten für meine Angelegenheiten«. Das gäbe der Wut neue Nahrung. Die Devise heißt: Ablenkung. Besonders geeignet sind Unternehmungen, die den Geist anderweitig beanspruchen, wie etwa ein Kinobesuch oder die Zeitung zu lesen. Und Spaß sollten sie machen: Bei einer angenehmen Beschäftigung beruhigt man sich leichter. Die längst fällige Steuererklärung in Angriff zu nehmen, wäre als Ablenkungsmanöver eher ungeeignet.

Am besten können Zorngefühle besänftigt werden, wenn man entlastende Argumente für das Verhalten des anderen sucht (»Sie vergißt eigentlich selten etwas«, »Sie hatte heute vielleicht viel um die Ohren«). Solche Gedanken schwächen die Vorstellungen ab, die den Zorn schüren.

Manche Menschen laufen sich ihre Aggressionen von der Seele. Zorn versetzt den Körper in einen hohen Erregungszustand. Sportliche Anstrengung bringt ihn auf einen niedrigen Erregungszustand zurück. Nach dem gleichen Prinzip helfen Entspannungsmethoden wie autogenes Training.

Und wenn – wie so oft – mitten im Streit die Wut die Oberhand gewinnt? In Gegenwart des Partners wird es nicht gelingen, der

Gefühlsaufwallung Herr zu werden: Schließlich ist er im Moment das rote Tuch. Jetzt hilft nur eines: Waffenstillstand und vorübergehender Rückzug. Wenn die Wogen sich geglättet haben, ist eine sachlichere Auseinandersetzung möglich.

Fachliche Kompetenz ist nicht alles: emotionale Intelligenz im Beruf

Henry Ford, der Gründer des erfolgreichen amerikanischen Automobilunternehmens, sagte einmal: »Wenn es ein Geheimnis für den Erfolg gibt, so ist es das: den Standpunkt des anderen zu verstehen und die Dinge mit seinen Augen zu sehen.«

Glaubt man an dieses Erfolgsrezept, dann genügt es nicht, sich um eine gute Ausbildung, einen akademischen Grad oder um mehr fachliches Know-how zu bemühen. (Was allerdings nicht heißt, daß man diese Aspekte getrost vernachlässigen könnte.) Wer Erfolg haben will, muß es verstehen, mit Emotionen – den eigenen und denen der anderen – geschickt umzugehen. Positive Gefühle fördern den beruflichen Erfolg: Begeistert uns eine Aufgabe, fällt es uns leicht, uns dafür anzustrengen. Wenn wir uns an unserem Arbeitsplatz wohl fühlen, weil die Kollegen nett sind, bringen wir bessere Leistungen. Umgekehrt hemmen negative Gefühle: Wenn wir uns über unseren Chef ärgern, fällt es uns schwerer, uns zu engagieren. Wenn wir Angst haben, unseren Job zu verlieren, unterlaufen uns bei der Arbeit mehr Fehler.

Die Kunst der Führung

Anfang der neunziger Jahre erforschte die Freie Universität Berlin in einer empirischen Untersuchung das deutsche Management. Dabei wurden fünfzehn Unternehmens-Fallstudien durchgeführt und dreiundsechzig Manager befragt. Die Manager waren sich darüber einig, daß soziale Kompetenz in Zukunft zu den wesentlichsten Qualifikationen einer Führungskraft zählen müsse: Führungskräfte bräuchten die Fähigkeit, den Mitarbeitern ein Gefühl der menschlichen Nähe und Wärme zu vermitteln. Gleichzeitig räumten sie ein, daß auf den Führungsetagen gerade hinsichtlich dieser Fähigkeit derzeit noch große Defizite bestünden.

Hire and fire

In Amerika haben Angestellte keinen gesetzlich geregelten Kündigungsschutz. »Hire and fire« heißt daher die Devise mancher Unternehmen. Wenn es die wirtschaftliche Lage des Unternehmens erfordert, kann die Zahl der Angestellten problemlos reduziert werden. Ineffiziente Mitarbeiter können schnell durch erfolgversprechendere Bewerber ersetzt werden. Für manchen deutschen Unternehmer eine verlockende Vorstellung: So könnte man sich der Leistungsbereitschaft der Mitarbeiter sicher sein! Doch Vorsicht: »Hire and fire« kann für ein Unternehmen leicht zum Eigentor werden.

Wenn Mitarbeiter ständig um ihren Arbeitsplatz fürchten müssen, leidet ihre Leistungsfähigkeit. Wer Angst hat, arbeitet verkrampft: Die Fehlerquote steigt. Die Unsicherheit beeinträchtigt das Betriebsklima. Kollegen werden in erster Linie zu Konkurrenten um den Arbeitsplatz. Wer wird sich bei der nächsten Kündigungswelle behaupten? Wie stellt man es an, daß man selbst derjenige ist, der bleibt? Ein weiteres Manko: Wenn die Angestellten sich darauf einstellen, dem Unternehmen unter Umständen nicht lange anzugehören, werden sie sich kaum mit ihrer Firma und deren Zielen identifizieren.

Mitwirkung

Auf die Identifikation der Mitarbeiter mit ihrer Firma zielt die Idee des *partizipierenden Managements* ab: Die Angestellten werden an den Entscheidungen des Unternehmens beteiligt. Wenn es zum Beispiel darum geht, ein Großraumbüro neu zu gestalten und auszustatten, bringen alle, die dort arbeiten werden, ihre Vorstellungen und Wünsche ein. Bei der Planung werden diese Vorschläge – soweit sie realisierbar sind – berücksichtigt. Über die Ziele und Probleme des Unternehmens werden alle Angestellten umfassend informiert. Umgekehrt finden die Mitarbeiter bei ihren Vorgesetzten ein offenes Ohr für neue Ideen und Verbesserungsvorschläge. Arbeitnehmer, die Mitspracherechte haben, begreifen die Ziele ihrer Firma als ihre eigenen und setzen sich entsprechend motiviert dafür ein. In manchen Firmen partizipieren die Angestellten durch Prämien oder Aktienanteile am Gewinn des Unternehmens.

John Simmons und William Mares untersuchten die Auswirkungen des partizipierenden Managements bei Firmen, die diese Form der Unternehmensleitung eingeführt hatten. Sie kamen zu folgenden Ergebnissen:

- Die Produktivität erhöhte sich um 10 und mehr Prozent.
- Die Zahl der Krankheitstage ging um die Hälfte zurück.
- Die Fluktuation verringerte sich um die Hälfte.
- Die Selbstachtung der Mitarbeiter nahm zu.
- Die Mitarbeiter empfanden mehr Freude an ihrer Arbeit.
- Das Gefühl der Machtlosigkeit bei den Mitarbeitern nahm ab.
- Das Gefühl, die Dinge kontrollieren zu können, wuchs.

Partizipierendes Management lohnt sich daher für Arbeitgeber und Arbeitnehmer: Mit der Stimmung der Mitarbeiter steigt auch die Produktivität.

Atmosphäre des Erfolgs

Die amerikanische Versicherungsgesellschaft Metropolitan Life erlebte im Lauf von fünf Jahren ein enormes Wachstum: Die Manager und Vertreter verdoppelten ihr Einkommen, der Gesamtverkauf an Versicherungen stieg um 235 Prozent. Steve Bow, der frühere Senior Vice President des Unternehmens, nennt als wesentlichen Faktor dieses Aufschwungs eine gezielt geschaffene und ständig gepflegte Atmosphäre des Erfolgs: »Wir sprachen möglichst oft über unsere Erfolge und möglichst selten über unsere Mißerfolge. Damit vermittelten wir den Mitarbeitern das Gefühl, daß die Dinge in die richtige Richtung liefen.«

Eine Erfolgsatmosphäre schafft man, indem man zum Beispiel dafür sorgt, daß die Mitarbeiter gute Nachrichten auch wirklich zu Gesicht bekommen: Statistiken über steigende Umsatzzahlen oder Zeitungsartikel über die positive Entwicklung des Unternehmens lassen ein Klima der Leistungsbereitschaft entstehen.

Bei Besprechungen werden häufig nur Probleme diskutiert; schließlich sucht man Antworten auf ungelöste Fragen. Erzielte Fortschritte treten dabei oft in den Hintergrund. Dabei können Erfolgsnachrichten zum Auslöser weiterer Erfolge werden: Die Begeisterung über ein gelöstes Problem steckt an, stärkt die Zuversicht in das Gelingen eines Projekts und motiviert dazu, den Erfolg zu wiederholen.

Konstruktive Kritik

Machen wir uns nichts vor: Auch in einem noch so geschickt geführten Unternehmen passieren Fehler, zeigen Mitarbeiter nicht immer das gewünschte Engagement, ereignen sich gelegentlich unkollegiale Auftritte. Um Kritik kommen Führungskräfte nicht herum.

Bei Konfliktgesprächen am Arbeitsplatz spielen sich ähnliche emotionale Prozesse ab wie beim Streit in der Partnerschaft. Ebenso wie dort kann das Gespräch konstruktiv sein, das heißt, es kann Probleme positiv verändern. Konfliktgespräche zwischen einem Vorgesetzten und einem Mitarbeiter können aber auch neue Probleme schaffen. Konstruktive Kritik gelingt nur, wenn wichtige Regeln beachtet werden, die den emotionalen Voraussetzungen beider Gesprächspartner Rechnung tragen.

Erst den Ärger abkühlen lassen. Auch für Chefs gilt: Den Ärger abzureagieren löst weder die Probleme, noch lindert es die eigene Wut. Tobende Chefs erreichen allenfalls, daß man sie fürchtet oder lächerlich findet. Management des Ärgers ist also gefragt: Erst wenn der Adrenalinstoß abgeklungen ist, kann das Problem konstruktiv besprochen werden. Zur Beschwichtigung des Zorns empfehlen sich die mittlerweile bekannten Methoden: vorübergehender Abstand von der Person, die den Ärger ausgelöst hat, Unterbrechen der zornerregenden Gedankenkette, Ablenkung, sportliche Anstrengung, Entspannungstechniken.

Keine Kritik vor Dritten. Wer in Gegenwart seiner Kollegen kritisiert wird, muß nicht nur mit der Kritik als solcher fertigwerden; er muß zusätzlich einen Achtungsverlust befürchten. Ein Vier-Augen-Gespräch gibt dem Mitarbeiter dagegen die Möglichkeit, sein Gesicht zu wahren.

Verzicht auf persönliche Angriffe. Persönliche Attacken (»Sie haben Ihr Diplom wohl in der Lotterie gewonnen!«) sind stillos, verletzen die Würde des anderen und provozieren Wut. Der Mitarbeiter wird in dieser emotionalen Verfassung kein Ohr mehr für die Sachkritik haben. Langfristig bleiben bittere Gefühle zurück; die Arbeitsbereitschaft und die Identifikation mit dem Unternehmen werden sinken.

Das Selbstbewußtsein stärken. Die Chefin einer Arztpraxis muß eine ihrer Praxishelferinnen auf einen schweren Fehler bei den Quartalsabrechnungen hinweisen. In dem Gespräch erwähnt die Ärztin aber auch, wie sehr ihr der einfühlsame Umgang der Helferin mit den Patienten gefällt.

Trotz der Kritik trägt die Vorgesetzte dem Selbstbewußtsein der Mitarbeiterin Rechnung. Sie vermittelt ihr, daß sie von ihrer grundsätzlichen Eignung für den Job überzeugt ist und ihre Leistungen im allgemeinen schätzt. Die Anerkennung stärkt das Selbstwertgefühl der Mitarbeiterin. Das entgegengebrachte Vertrauen weckt bei den meisten Menschen die Bereitschaft, dieses Vertrauen durch entsprechende Leistung zu rechtfertigen. Lob fördert die Leistungsbereitschaft nun einmal stärker als ein Vorwurf. So alt diese Erfahrung auch ist – es fällt nicht nur vielen Vorgesetzten schwer, sie umzusetzen.

Verbesserungsvorschläge machen. Konstruktive Kritik beschränkt sich nicht darauf, ein Problem in den Raum zu stellen. Ein emotional geschickter Vorgesetzter zeigt dem Mitarbeiter auch Lösungsstrategien auf. Ihre Wirkung können diese Vorschläge allerdings nur entfalten, wenn der Mitarbeiter dafür offen ist und nicht – von der Art der Kritik gekränkt – eine Verweigerungshaltung eingenommen hat.

Ein starkes Team

Wer Stellenangebote studiert, weiß bald: Teamfähigkeit steht hoch im Kurs. Viele berufliche Aufgaben werden inzwischen in Gruppen geleistet. Und auch wer nicht ständig oder gelegentlich in festen Teams arbeitet, ist an den meisten Arbeitsplätzen doch zumindest Teil einer Gruppe von Kollegen. Jobs für reine Einzelkämpfer sind eher selten. Fazit: Für den Erfolg eines Unternehmens ist es wichtig, daß die Mitarbeiter die Bereitschaft und die Fähigkeit besitzen, sich in eine Gruppe zu integrieren und mit ihren Kollegen an einem Strang zu ziehen.

Psychologen, die sich mit der Leistungsfähigkeit von Teams auseinandergesetzt haben, stellten einen engen Zusammenhang zwischen Gruppenleistung und Gruppenzusammenhalt fest: Gruppen mit gutem Zusammenhalt erreichen ihre Ziele besser als Gruppen mit geringem Zusammenhalt. Die fachliche Kompetenz, die Kreativität, das technische Know-how der einzelnen Mitglieder kann sich nur dann voll entfalten, wenn das Team in einer harmonischen Atmosphäre zusammenarbeitet. Welchen Beitrag ein Gruppenmitglied zum Erfolg des Teams leistet, hängt deshalb ganz entscheidend von seinen emotionalen Qualitäten ab.

Die Gruppenstars

Gruppenstars sind häufig die heimlichen Führer des Teams. Sie sind redegewandt und können ihre eigenen Ideen überzeugend darstellen. Mit der Folge, daß sie oft die Marschroute vorgeben.

Hinsichtlich ihrer Leistungsfähigkeit bewegen sie sich meistens im oberen Drittel der Gruppe, sind aber selten die Teammitglieder, die die höchste Leistung bringen. Gruppenstars sind in der Lage, sich selbst zu motivieren, und erfüllen ihre Aufgaben engagiert. Die Vorgesetzten müssen sie nicht kontrollieren; sie überprüfen sich selbst kritisch und schätzen die Qualität ihrer Arbeit realistisch ein.

Gruppenstars besitzen großes Selbstvertrauen. Ihre Grundhaltung ist optimistisch. In schwierigen Situationen resignieren sie nicht, sondern motivieren sich und die anderen Gruppenmitglieder dazu, nach neuen Lösungswegen zu suchen. Sie glauben an die eigene Leistungsfähigkeit und den Erfolg des Teams.

Ihre besondere Rolle als heimliche Führer verdanken die Gruppenstars ihrer guten sozialen Wahrnehmung: Sie haben ein feines Gespür für die Bedürfnisse und Gefühle der anderen. Sie finden auch in schwierigen sozialen Situationen – zum Beispiel, wenn ein Kollege in eine andere Abteilung versetzt wird – den richtigen Ton und das richtige Wort. Als geschätzte Zuhörer sind sie immer darüber informiert, was in der Gruppe vorgeht. Bei Konflikten im Team können sie vermitteln.

Wenn ein anderes Gruppenmitglied Unterstützung braucht, bieten sie bereitwillig ihre Hilfe an. Umgekehrt haben sie kein Problem damit, selbst Unterstützung anzunehmen. Gegenseitige Hilfeleistungen wirken sich positiv auf den Arbeitsfortschritt des Teams aus: Das Gruppenziel kann schneller erreicht werden, wenn alle zusammenhelfen. Zudem bewirkt gegenseitige Hilfe ein Gefühl der Verbundenheit und festigt somit den Gruppenzusammenhalt.

Gruppenstars sind weder übertrieben geltungssüchtig noch besonders karrierebewußt. Sie wollen in erster Linie gute Arbeit in einer menschlich angenehmen Atmosphäre leisten: Der Job in und mit der Gruppe soll Spaß machen.

Der Fels in der Brandung

Ausgeglichene Menschen haben ihre Gefühle gut im Griff: Sie schaffen es, auch bei Ärger, Streß oder privaten Sorgen relativ schnell wieder ihr Gleichgewicht zu finden. Manche von ihnen verdanken ihre Ausgeglichenheit einer geringeren emotionalen Erregbarkeit. Vor allem aber verfügen sie über gut entwickelte Strategien, sich selbst zu beruhigen und sich nicht von ihren Gefühlen überwältigen zu lassen.

Ihre Ruhe kommt ihrer eigenen Arbeit und der des Teams besonders in hektischen Situationen zugute. Wenn sich die Arbeit vor ihnen stapelt, geraten sie nicht in Panik. Sie behalten die Übersicht, wenden sich zuerst den wichtigsten Aufgaben zu und erledigen die weniger wichtigen Dinge später. Wenn das Team unter Termindruck steht, sorgen sie dafür, daß auch die anderen die Nerven behalten und die noch anstehenden Arbeiten systematisch erledigen.

Ausgeglichene Menschen sind meistens gute Zuhörer. Sie bringen dem Anliegen ihres Gesprächspartners echtes Interesse entgegen und ermutigen ihn so, seine Gedanken offen und ohne Scheu mitzuteilen. Auf diese Weise schaffen sie es, daß auch schüchterne oder neue Gruppenmitglieder auftauen und sich mit ihren Ideen in das Projekt einbringen.

Es liegt auf der Hand, daß ausgeglichene Menschen für den Zusammenhalt der Gruppe eine wichtige Rolle spielen. Durch ihre besonnene Art kommen sie in der Regel mit allen Gruppenmitgliedern gut aus. Bei Konflikten wirken sie häufig ausgleichend: Sie verstehen es, erhitzte Gemüter zu besänftigen. Da sie in der Gruppe als gute und objektive Zuhörer geschätzt werden, wenden sich aufgebrachte Gruppenmitglieder oft an sie und reden sich ihre Wut von der Seele. Ein solches Gespräch wirkt an sich schon entlastend. Es eröffnet außerdem die Chance, daß der ruhende Pol den aufgebrachten Kollegen auf Gesichtspunkte aufmerksam machen kann, die dessen Wut besänftigen: Vielleicht knabbert der vermeintliche Widersacher ja gerade an einem privaten Problem und hat deswegen überreagiert.

Beschaffungskünstler

Wenn »Beschaffungskünstler« Nachrichten auf Anrufbeantwortern hinterlassen, ruft man sie bereitwillig zurück. Die Sekretärin nimmt ihnen schon mal eine Schreibarbeit ab, zu der sie nicht verpflichtet wäre. Der Hausmeister erledigt ihre Bitten als erstes. Wenn sie ein Computerproblem haben, brauchen sie kein Handbuch zu wälzen; am Ende irgendeiner Telefonleitung sitzt jemand, der ihnen schnell den richtigen Tip geben kann. Dank ihres guten Kontakts zu zahlreichen Leuten mit den verschiedensten Fähigkeiten und Möglichkeiten gelingt es ihnen, jederzeit schnell an Informationen heranzukommen, hilfreiche Tips zu erhalten, kurzfristig schwer beschaffbare Dinge aufzutreiben.

Beschaffungskünstler sind soziale Genies. Ihr weites Netz an guten Beziehungen verdanken sie ihren enormen Fähigkeiten, andere Menschen für sich zu gewinnen. Sie gehen offen und mit echter Herzlichkeit auf ihre Mitmenschen zu und strahlen Heiterkeit und Optimismus aus. In ihrer Gegenwart bekommen die anderen gleich bessere Laune. Ihr völliger Mangel an Überheblichkeit, Mißgunst und Vorurteilen bringt ihnen viel Sympathie ein – in den höheren Etagen ebenso wie beim Kantinenkoch oder in der Poststelle.

Für eine Arbeitsgruppe sind Beschaffungskünstler ein doppelter Gewinn. Ihre sozialen Fähigkeiten fördern die gute Stimmung innerhalb des Teams: Ihre positive Grundhaltung wirkt ansteckend. Zum anderen kommt der ganzen Gruppe das weitgespannte Informations- und Unterstützungsnetz des Beschaffungskünstlers zugute: Das Gruppenziel kann schneller und besser realisiert werden.

Frohnaturen

Gruppenmitglieder mit fröhlichem Naturell vertrauen voll auf die eigenen Fähigkeiten und den Erfolg ihrer Arbeit. Ihre Aufgaben im Team gehen sie mit Schwung und Energie an. Auch in schwierigen Situationen lassen sie sich die gute Laune nicht verderben.

Ihr unverwüstlicher Humor bei kleineren und größeren Katastrophen wirkt ansteckend und entschärft brenzlige Situationen. Frohnaturen sind kontaktfreudig: Auf ihre Initiative finden Treffen der Teammitglieder auch außerhalb der Arbeitszeit statt. Solche privaten Unternehmungen können den Zusammenhalt der Gruppe vertiefen, stoßen aber bei weniger geselligen Teammitgliedern nicht immer auf Begeisterung. Dann besteht die Gefahr, daß die Rührigkeit der Frohnatur die Gruppe polarisiert.

Karrieristen

Eigentlich müßten Karrieristen wertvolle Gruppenmitglieder sein: Schließlich sind ehrgeizige Menschen hochmotivierte Leute, die alles daransetzen, die ihnen gestellten Aufgaben mit Bravour zu lösen. Wenn jedoch der Ehrgeiz ausschließlich dem eigenen Erfolg und der eigenen Karriere gilt, kann das Team dabei mehr verlieren als gewinnen.

In ihrem Streben nach Höchstleistungen geht den ehrgeizigen Machern das Gespür für soziale Situationen oft ab. In Besprechungen drängen sie sich vor und andere an die Wand. Dabei kann es leicht passieren, daß wertvolle Beiträge verlorengehen. Die Stimmung derer, die sich nicht Gehör verschaffen können, sinkt. In ihrem blinden Streben nach Erfolg bringen Karrieristen es fertig, Vorgesetzte durch scheinbaren Teamgeist zu beeindrucken (»Unsere Frau Schubart hat das Zahlenmaterial wieder ganz exzellent zusammengestellt«) – denn natürlich wissen sie, welche Fähigkeiten auf dem Weg nach oben zählen. Dabei merken sie nicht, daß und wie sehr ihr Verhalten die Gruppe abstößt. Ihre soziale Wahrnehmung ist im Vergleich zu ihren ehrgeizigen und ausschließlich egozentrischen Zielen wenig entwickelt.

Wenn es darum geht, die eigene Position zu verbessern, setzen

Karrieristen bedenkenlos ihre Ellbogen ein. Leistungsschwächere Gruppenmitglieder lehnen sie gnadenlos ab, selbst dann, wenn es für deren Leistungstief verständliche und entschuldbare Gründe wie Krankheit oder Unerfahrenheit gibt. Sie sind auch nicht bereit, solchen Gruppenmitgliedern zu helfen. Ihre Zeit und ihr Können setzen sie nur da ein, wo es ihrer Karriere dient.

Das Team kann die Leistungsfähigkeit eines Karrieristen nicht voll nutzen: Weil die anderen Gruppenmitglieder den Überflieger wegen seines inakzeptablen Sozialverhaltens ablehnen, neigen sie dazu, sich seinen Ideen und Vorschlägen zu verschließen. Unter Umständen übersieht die Gruppe damit erfolgversprechende Lösungswege und verschwendet unnötig Zeit und Energie mit anderen, weniger effektiven Lösungsansätzen.

Drückeberger

In einem Punkt sind Drückeberger den Ehrgeizlingen recht ähnlich: Sie denken zuerst an sich und ihren eigenen Vorteil. Mit der Gruppe und ihren Zielen identifizieren sie sich nicht. Für sie ist das Team lediglich Mittel zum Zweck: Sie verstecken sich hinter der Gruppenleistung, zu der sie kaum etwas beitragen. Mit Erfolg: Die Vorgesetzten sehen das Gruppenergebnis, die vergleichsweise geringe Leistung des Drückebergers fällt ihnen oft gar nicht auf.

Bequemlichkeit ist den Drückebergern wichtiger als Erfolg und Anerkennung. Das Flow-Gefühl, das eine gut gelöste Aufgabe hervorrufen kann, ist ihnen unbekannt. Daher sind sie nicht bereit, sich selbst zu motivieren und ihre Leistungsreserven auszuschöpfen.

Die anderen Gruppenmitglieder sehen und bemerken das geringe Engagement des Drückebergers in der Regel schnell. Ihnen kann er – im Gegensatz zum Vorgesetzten – kaum etwas vormachen.

Häufig möchte die Gruppe ihren Teamkollegen beim Chef aber nicht »anschwärzen«. Diese Situation nutzen die Drückeberger schamlos aus. Sympathien gewinnen sie damit in der Gruppe natürlich nicht.

Dazu kommt, daß Drückeberger dem Team Arbeitskraft und Arbeitszeit rauben. Mit ihrer gleichgültigen Einstellung und ihrer tendenziell negativen Ausstrahlung lähmen sie den Schwung der Gruppe: Auch Bequemlichkeit kann anstecken.

Verkaufsargument Optimismus

Kommen wir noch einmal auf die amerikanische Versicherungsgesellschaft Metropolitan Life zurück. Mitte der achtziger Jahre stellte die Met Life pro Jahr fünftausend Verkäufer ein. Die Trainingskosten beliefen sich pro Person auf mehr als 30 000 Dollar. Die Hälfte der neu eingestellten Mitarbeiter kündigte bereits im Lauf des ersten Jahres. Nur ein Fünftel blieb länger als vier Jahre. Die hohe Fluktuation und die damit verbundenen hohen Ausgaben veranlaßten das Unternehmen, den amerikanischen Psychologen Martin Seligman mit einer Studie zu beauftragen. Seligman ließ im Verlauf dieser Studie 15 000 neue Mitarbeiter zwei Tests absolvieren: den bisher verwendeten Einstellungstest und den von Seligman entwickelten Optimismustest.

Die Langzeitbeobachtung lieferte die folgenden Ergebnisse: Zwei Drittel der Mitarbeiter, die im ersten Jahr aufgaben, kamen aus den Reihen der Pessimisten. Die Optimisten verkauften in den beiden ersten Jahren um 37 Prozent mehr als die Pessimisten. Sogar Optimisten, die am normalen Einstellungstest gescheitert wären, hatten im ersten Jahr 21 Prozent und im zweiten Jahr 57 Prozent mehr Verkäufe als Pessimisten, die den normalen Einstellungstest geschafft hatten.

Der Hauptunterschied zwischen Pessimisten und Optimisten liegt in ihrer Art, Niederlagen zu erklären und zu verarbeiten.

Seit drei Monaten arbeitet Julius als Investmentberater. Gerade hat er ein frustrierendes Telefonat mit einem Kunden hinter sich, den er wegen einer langfristigen Vermögensanlage beraten hatte. Wider Erwarten hat der Kunde sich nun für den Aktienfonds einer großen Bank entschlossen. Julius ist deprimiert: Schon wieder nicht geklappt! Er ist für diesen Job einfach nicht geeignet. Eigentlich hätte er es gleich wissen können, schließlich konnte er andere noch nie beeindrucken. Von Selbstzweifeln erfüllt, greift Julius wieder zum Hörer und meldet sich mit tonlos-gepreßter Stimme beim nächsten Kunden. Innerlich ist er fest davon überzeugt, wieder zu scheitern.

Pessimisten führen Mißerfolge grundsätzlich auf eigene Unzulänglichkeiten zurück, die sie als unabänderliche Bestandteile ihrer Persönlichkeit betrachten. Jeder Fehlschlag bestätigt und verstärkt ihr negatives Selbstbild: Da sie so durchsetzungsschwach, so unfähig, so unattraktiv sind, haben sie (wieder einmal) versagt. Weil sie aus ihrer Sicht die Ursachen des Mißerfolgs nicht beseitigen können, erscheint den Pessimisten der nächste Fehlschlag als unabwendbar. Sie neigen dazu, die aktuelle Situation zu verallgemeinern (»Bei mir geht sowieso immer alles schief!«). Ohne neuen Plan, dafür aber erfüllt von Frustgefühlen, Selbstzweifeln und Zukunftsängsten stellt sich die ohnehin erwartete Niederlage denn auch prompt ein. Hoffnungs- und tatenlos blickt der notorische Pessimist in eine trübe Zukunft.

Ganz anders die Optimisten: Peter arbeitet ebenfalls seit einigen Monaten in der Finanzdienstleistung. Sein letzter Kundenbesuch verlief erfolglos: Er konnte den Kunden nicht davon überzeugen, bei ihm eine Lebensversicherung abzuschließen. Der Kunde will das Angebot einer Konkurrenzgesellschaft annehmen, bei der er auch bisher seine Versicherungen abgeschlossen hat. Peter fühlt sich frustriert. In dieser Stimmung besucht er besser nicht gleich den nächsten Kunden. Er beschließt, einen Spaziergang zu machen. Was ist schiefgelaufen? Hat er seine Argumente zu wenig verständlich präsentiert? Sein Angebot war schließlich besser als das der Konkurrenz. Er hatte doch den Eindruck gehabt, der Kunde hätte die Vorteile seines Angebots durchaus erkannt. Hätte er hartnäckiger sein sollen?

Peter spielt in Gedanken noch einmal das Gespräch durch. Dabei fällt ihm auf, daß der Kunde öfter den langjährigen guten Kontakt zum Kollegen von der Konkurrenz erwähnt hat. Peter beschließt, in Zukunft stärker darauf zu achten, einen persönlicheren Kontakt zu seinen Kunden aufzubauen. Zum Beispiel, indem er das Gespräch auch einmal auf Beruf, Familie und persönliche Interessen lenkt. Er nimmt sich vor, solche Informationen künftig zu notieren, um sie beim nächsten Gespräch wieder aufgreifen zu können.

Wenn Optimisten einen Mißerfolg erleben, erklären sie diesen mit Ursachen, die zu verändern sind. Wo Pessimisten resignieren, versuchen Optimisten, aus ihren Fehlern zu lernen und sie in Zukunft zu vermeiden. Sie stellen nicht gleich sich und ihr Leben in Frage, weil ihnen ein Fehler unterlaufen ist. Von ihren grundsätzlichen Fähigkeiten bleiben sie überzeugt. Als mögliche Ursachen für den Mißerfolg ziehen sie auch äußere, nicht in der eigenen Persönlichkeit liegende Faktoren in Betracht. (Vielleicht hatte der Kunde privaten Ärger und war deswegen für das Anliegen nicht aufgeschlossen.) Falsch verstandener Optimismus wäre es allerdings, Mißerfolge grundsätzlich durch äußere Faktoren zu erklären. Nur wer alle potentiellen Ursachen realistisch analysiert –

und dabei auch die eigene Person nicht verschont –, kann neue Ideen entwickeln, um die Situation beim nächsten Mal besser in den Griff zu bekommen.

Optimisten blicken zuversichtlich in die Zukunft. Mit gutem Grund: Durch ihre positive, zupackende Einstellung schaffen sie die Voraussetzungen für ihre zukünftigen Erfolge. In jedem Fehlschlag steckt für sie der Keim zum nächsten Erfolg.

Menschen in Verkaufsberufen erleben häufig, daß ihre Bemühungen auf Ablehnung stoßen. Viele Kunden reagieren von vornherein mißtrauisch und abweisend, wenn jemand sie von einem bestimmten Produkt überzeugen will. Nicht wenige haben schon schlechte Erfahrungen mit anderen Verkäufern hinter sich und verhalten sich daher zunächst skeptisch. Man will sich schließlich nicht manipulieren lassen! Verkäufer, die alle ablehnenden Signale auf die eigene Person beziehen, werden in diesem Beruf nicht lange durchhalten können.

Die optimistische Ausstrahlung

Alan Loy McGinnis berichtet in seinem Buch *Optimismus ist besser* von seinen Erfahrungen mit weniger erfolgreichen Verkäufern. Ihm fiel auf, daß diese häufig eine besonders pessimistische und zynische Redeweise benutzten. Sie hatten die schlechte Gewohnheit zu klagen: über ihren Job, ihre Firma, ihre Produkte, ihre Arbeitsbedingungen, ihre Kunden. Solche Menschen übertragen ihren Frust auf ihre Gesprächspartner: Sie sind perfekte Stimmungskiller.

Und schaffen sich damit ein neues Problem: Ein schlecht gelaunter Kunde ist wesentlich schwieriger für ein Produkt zu gewinnen als ein gutgelaunter. Kein Wunder also, wenn Stimmungskiller wenig Verkaufserfolg haben. Für sie ein neuer Grund zu klagen.

Ansteckende Gefühle. Einer der erfolgreichsten amerikanischen Versicherungsvertreter, den McGinnis in seinen Seminaren kennenlernte, sieht in der Kraft des Lächelns eine der Hauptursachen seines enormen Verkaufserfolgs. Ein echtes Lächeln signalisiert Offenheit, Wärme und gute Laune. Es weckt Sympathie und Vertrauen. Und es steckt an: Der Kunde fühlt sich in guten Händen. Seine Kaufbereitschaft wächst.

Erfolgreiche Verkäufer lassen sich von Geschäftsflauten nicht niederdrücken. Sie betrachten »Saure-Gurken-Zeiten« als vorübergehende Phasen, die sie aus eigener Kraft überwinden können. Auch in Krisensituationen gelingt es ihnen, Zuversicht auszustrahlen. Pessimistische Verkäufer dagegen geraten in Panik, wenn ihre Umsätze zurückgehen. Sie fürchten, aus dem Tief nicht mehr herauszukommen. Die Sorge um die Existenz überschattet jedes Kundengespräch. Unfähig, die Signale des Gesprächspartners zu empfangen, argumentieren sie an ihm vorbei. Der Kunde spürt die Unsicherheit des Verkäufers und überträgt sie auf das angebotene Produkt: Er hat den Eindruck, daß der Verkäufer selbst nicht recht an dessen angebliche Vorteile glaubt.

Identifikation mit dem Produkt. Erfolgreiche Verkäufer sind von ihrem Produkt überzeugt. Sie glauben fest daran, daß der Erwerb des Produkts für den Kunden ein Gewinn ist. Ihre eigene, echt empfundene Begeisterung überträgt sich auf den Kunden: Er bekommt das gute Gefühl, daß ihn der Kauf des Produkts mit Zufriedenheit erfüllen wird. Beim Kleidungskauf erlebt man häufig Verkäufer, die jedes Mal, wenn man aus der Umkleidekabine tritt, in Begeisterung ausbrechen – gleichgültig, ob das Teil gut sitzt oder farblich zum Typ paßt. Solche Verkäufer wirken unglaubwürdig, wecken Mißtrauen und fallen einem obendrein auf die Nerven. Eine Verkäuferin dagegen, die auch mal vom Kauf eines

Kleidungsstücks abrät, wenn sie findet, daß es für ihren Kunden nicht das richtige ist, gewinnt dessen Vertrauen. Sie äußert nur dann Begeisterung, wenn sie sie auch empfindet. Damit kann sie den Kunden überzeugen.

Streicheleinheiten für die Seele. Erfolgreiche Verkäufer bauen das Selbstwertgefühl des Kunden auf. Sie besitzen die Gabe, seine guten Seiten zu entdecken und hervorzuheben: Eine Kosmetikerin, die auf die klare, gut gepflegte Haut ihrer Kundin zu sprechen kommt, wird die collagenreiche Gesichtspflege leichter verkaufen, als eine Kollegin, die ihre Kundin schon im ersten Satz auf ihre Lachfältchen hinweist.

Ein simples Experiment des Psychologen Gordon Bower von der Universität von Stanford zeigt, wie beeinflußbar die Stimmung ist: Zwei Gruppen von Versuchsteilnehmern wurden nach ihrer Zufriedenheit mit einem Haushaltsgerät befragt. Die eine Gruppe erhielt vor der Befragung ein kleines Geschenk, die andere Gruppe nicht. Das Ergebnis: Die Beschenkten äußerten sich durchweg zufriedener über das Gerät als die Nicht-Beschenkten. Aber es müssen nicht immer Geschenke sein. Ehrlich gemeinte Komplimente heben die Stimmung mindestens genauso.

Verkäufern mit gesundem Selbstwertgefühl und optimistischer Grundhaltung fällt es nicht schwer, die guten Seiten ihres Kunden bereitwillig anzuerkennen. Außerdem wissen sie, daß ein ernstgemeintes Kompliment den Gesprächspartner in eine gute und kauffreudigere Stimmung versetzt.

König Kunde

Der folgende Artikel aus der *Süddeutschen Zeitung* vom 28. Mai 1996 schildert das Erlebnis eines Telekom-Kunden. Es ist symptomatisch für den Dienstleistungsstandort Deutschland:

»Wenn K., wie Anfang Mai geschehen, telephonieren will, erwartet er nicht zu Unrecht eine freie Leitung. Doch weit gefehlt, denn nach vier Sekunden schon tritt regelmäßig der Reklamationsfall ein: Abbruch der Verbindung, Ruhe dann. Die Störungsstelle teilt mit, es liege ein Softwarefehler vor, verschuldet von einer Fremdfirma und behebbar frühestens in zehn Tagen. Ein Schadenersatz komme keinesfalls in Frage: K. könne ja Anrufe entgegennehmen und ansonsten ohnehin nicht telephonieren, weshalb ihm auch keine Unkosten entstünden.«

Bei den deutschen Verbraucherzentralen häufen sich die Beschwerden. Zu lange Wartezeiten, mangelnde Beratung und vor allem unfreundliche Bedienung stehen an oberster Stelle der Klagen. Im Vergleich mit dem Ausland schneidet Deutschland in puncto Dienstleistung denkbar schlecht ab: Manche USA-Reisende sind von dem dort üblichen Service mehr beeindruckt als von Disneyland.

Schuld an der Misere sind zum Teil die gesetzlichen Rahmenbedingungen. Das 1996 noch gültige Ladenschlußgesetz und das Wettbewerbsrecht verhindern, daß kundenorientierte Anbieter tatsächlich auf die Wünsche und Bedürfnisse der Kunden eingehen können. Als dieses Buch geschrieben wurde, war das frische Sonntagsbrötchen nur an Tankstellen und Bahnhöfen zu ergattern. Hohe Lohnnebenkosten führen zu Personalabbau. Wo weniger Leute zur Verfügung stehen, kommt der Kunde zwangsläufig zu kurz: Die Schlangen im Supermarkt, am Fahrkartenschalter, im Selbstbedienungsrestaurant werden länger. Überlastete Angestellte strahlen schlechte Laune aus. Bei großen Billiganbietern – zum Beispiel Baumärkten oder Elektromärkten – findet der Kunde kaum mehr Beratung.

Trotzdem: Auch innerhalb dieser Rahmenbedingungen trifft der Kunde noch gelegentlich auf Lichtblicke in unserer meist düsteren Servicelandschaft: Verkäufer, die sich für uns Zeit nehmen, auch wenn wir uns nicht sofort zum Kauf entschließen; Boutique-Besitzer, die sich auch dann noch herzlich verabschieden, wenn wir ihr Geschäft ohne neue Einkaufstüte in der Hand verlassen; Kellner, die freundlich und prompt unsere Bestellung aufnehmen; Schalterangestellte, die uns mit einem Lächeln nach unseren Wünschen fragen; Kassiererinnen, die uns einen schönen Abend wünschen.

Viele Dienstleistungsunternehmen haben inzwischen bemerkt, daß sie von der Zufriedenheit ihrer Kunden leben: Sie achten bei der Einstellung verstärkt auch auf die soziale Kompetenz der Bewerber und schicken ihre Angestellten auf Workshops, um ihnen kundenfreundliches Verhalten anzutrainieren.

Bei manchen Kunden erfordert ein freundliches Verhalten enorme Selbstbeherrschung. Sie meinen, dem Dienstleister nicht die mindeste Achtung und Höflichkeit entgegenbringen zu müssen. Regelmäßig lassen sie ihre schlechte Laune an der Verkäuferin im Supermarkt aus: Man zahlt schließlich. Tyrann Kunde darf sich nicht wundern, wenn er von seinem Thron gestürzt wird.

Die Emotionalität von Dienstleister und Kunde bedingt sich gegenseitig: Freundliche Dienstleister haben mit größerer Wahrscheinlichkeit zufriedene Kunden, freundliche Kunden mit größerer Wahrscheinlichkeit entgegenkommende Dienstleister.

Das Lächeln, das du aussendest, kehrt zu dir zurück

Daniel fährt von der Arbeit nach Hause. Er hat einen harten und wenig erfreulichen Tag hinter sich, ist müde und schlechter Laune. Nun fällt ihm auch noch ein, daß er vergessen hat, in der Stadt seine Schuhe neu besohlen zu lassen. Gereizt entschließt er sich zu einem Umweg; er weiß, daß einige Straßen weiter ein kleiner Schusterladen ist. In dem Laden begrüßt ihn der ältere Mann hinter dem Tresen mit einem herzlichen Lächeln. Daniel gibt seine Schuhe ab. Als er das Geschäft verläßt, wünscht ihm der Schuster freundlich einen schönen Abend. Unwillkürlich lächelt Daniel zurück. Die kurze Begegnung hat ihn entspannt. Von jetzt an bringt Daniel seine Schuhe immer in diesen Laden: Der Schuster hat einen neuen Stammkunden gewonnen.

Man muß es sich immer wieder vor Augen führen: Menschen übertragen gute wie schlechte Stimmungen aufeinander. Notorische Miesepeter verderben oft auch ihrer Umwelt die Laune. Andererseits genügt manchmal ein herzliches Lächeln völlig fremder Menschen, um unsere Gereiztheit zu besänftigen und unsere Stimmung zu heben. Menschen, die gute Laune ausstrahlen, arbeiten in Dienstleistungsberufen in der Regel mit großem Erfolg: Sie erreichen, daß sich ihre Kunden wohl fühlen und gerne wiederkommen.

Aber denken Sie daran: Nur ein echtes Lächeln steckt an. Wir können uns noch so sehr bemühen – wenn wir uns nicht danach fühlen, wirkt unser Lächeln aufgesetzt. Schon im 19. Jahrhundert fand der französische Mediziner Guillaume Benjamin Duchenne heraus, daß für das natürliche Lächeln zwei Muskeln bewegt werden: der große Jochbeinmuskel und der Augenringmuskel. Anders als der Jochbeinmuskel kann der Augenringmuskel nicht bewußt aktiviert werden: Wenn uns eigentlich gar nicht nach Lachen zumute ist, lächeln wir nur mit dem Mund. Die moderne Gehirnforschung weiß inzwischen: Je nachdem, ob ein Gefühl oder ein bewußter Willensakt dahintersteckt, werden die für das Lächeln notwendigen Muskelbewegungen von einer anderen Seite des Gehirns ausgelöst. Daher können bestimmte Schlaganfall-Patienten völlig normal lächeln, wenn jemand eine lustige Bemerkung macht. Wenn Sie dagegen in die Kamera lächeln sollen, verzieht sich ihr Gesicht asymmetrisch: Der Gehirnbereich, der das bewußte Lächeln steuert, wurde durch den Schlaganfall zerstört. Der Bereich, der das unwillkürliche Lächeln steuert, blieb dagegen intakt.

Die wenigsten Menschen sind geborene Frohnaturen. Bleibt den anderen nur das aufgesetzte Lächeln, das schnell entlarvt wird? (Selbst Schauspielern fällt es oft schwer, ein echtes Lächeln überzeugend vorzutäuschen.) Oder können wir uns selbst in gute Stimmung versetzen und diese dann auch auf andere übertragen? Eine hilfreiche Methode besteht darin, sich bewußt an ein Erlebnis zu erinnern, das uns zufrieden, glücklich, stolz gemacht hat: beispielsweise an einen beruflichen Erfolg oder den letzten Urlaubsflirt. Mit der Erinnerung kehren auch die schönen Gefühle von damals zurück: Unwillkürlich lächeln wir.

Mit Pannen umgehen

Im Café herrscht Hochbetrieb. Anna und Fabian warten schon einige Zeit darauf, etwas bestellen zu können. Die junge Frau, die für ihren Tisch zuständig ist, hat offensichtlich noch nicht sehr viel Erfahrung in diesem Job. Als sie mit einem vollbeladenen Tablett an Annas und Fabians Tisch vorbeikommt, lächelt sie ihnen entschuldigend zu und verspricht, bald die Bestellung aufzunehmen. Anna bestellt Darjeeling-Tee. Als der Tee serviert wird, schwappt die Flüssigkeit über den Tassenrand. Auf der Untertasse bildet sich ein See. Die junge Frau blickt schuldbewußt auf die Bescherung und bittet mit einem unwiderstehlichen Lächeln um Entschuldigung. Anna und Fabian sind normalerweise ziemlich anspruchsvoll in ihren Vorstellungen von gutem Service. Das kleine Intermezzo hinterläßt jedoch keinen unangenehmen Eindruck. Im Gegenteil: Sie verlassen das Café später in guter Stimmung, nachdem sie ihrer Rechnung ein großzügiges Trinkgeld hinzugefügt haben.

Durch Unerfahrenheit, Mißverständnisse oder Lieferschwierigkeiten passieren im Dienstleistungsbereich oft Pannen. Auch durch größtes Bemühen werden sie sich nicht völlig vermeiden lassen. Pannen sind für den Kunden immer ärgerlich. Wie der Dienstleister solche Pleiten aus der Welt schafft, entscheidet darüber, ob er den Kunden behält oder verliert. Die prompte Behandlung von Reklamationen, freundliches Entgegenkommen, ein selbstverständlich und unbürokratisch durchgeführter Umtausch zahlen sich aus: Oft bleibt Kunden eine Panne, die ungewöhnlich kulant behoben wurde, in bester, *positiver* Erinnerung – mehr als ein problemloser und damit auch nicht besonders einprägsamer Einkauf.

Manche Menschen haben große Schwierigkeiten, einen Fehler einzugestehen und die Verantwortung dafür zu übernehmen. Es gelingt ihnen nicht, sich überzeugend zu entschuldigen. Bestenfalls murmeln sie eine leere Entschuldigungsformel. Der Kunde spürt sehr genau, wenn das Bedauern auf der anderen Seite nicht echt ist. Zu dem ursprünglichen Ärger summiert sich jetzt auch noch die Wut über das ihm entgegengebrachte Desinteresse. Ehrliches Bedauern dagegen beschwichtigt die Wut: Es fällt schwer, auf jemanden wütend zu sein, dem die Angelegenheit offensichtlich leid tut.

Es kann auch helfen, dem Kunden die Zusammenhänge zu erklären, die zu dem Mißgeschick geführt haben. (Die Sekretärin ist erkrankt und ihre Vertreterin hat den Kundenauftrag nicht an die richtige Stelle weitergeleitet.) Wenn es gelingt, das Verständnis des Kunden zu gewinnen, kühlt sich sein Ärger leichter ab.

Anerkennung

Gehören Sie zu den Menschen, die bei anderen vor allem die guten Seiten sehen? Äußern Sie es, wenn Sie an Ihren Mitmenschen positive Eigenschaften entdecken? Wenn ja, werden Sie als Kunde immer ein bißchen besser behandelt werden als andere.

Katharina und Maximilian sind für einige Tage ins Gebirge gefahren. Jetzt in der Nachsaison gibt es nur noch wenige Übernachtungsmöglichkeiten in dem kleinen Ort. Sie landen in einem Gasthof, der ihren Vorstellungen nicht entspricht. Das Zimmer ist eng und laut, das Frühstück in ihren Augen eine Zumutung. Weil vor allem Katharina ihre Unzufriedenheit nur schlecht verbergen kann, ist das Verhältnis zu den Wirtsleuten bald recht gespannt. An ihrem vorletzten Tag sind sie mit Freunden zu einem gemeinsamen Wanderausflug verabredet. Ihre Freunde treffen zum Frühstück ein, setzen sich mit an den Tisch, begrüßen die Wirtin fröhlich und loben das Frühstücksangebot ausgiebig. Die Wirtin blüht angesichts der Komplimente sichtlich auf. Zum Erstaunen von Katharina und Maximilian erkundigt sie sich, ob ihre Gäste noch irgendwelche Wünsche hätten, und stellt eine Schale mit frischgepflückten Birnen auf den Tisch.

Jeder Mensch freut sich, wenn seine Arbeit anerkannt wird. Und die allermeisten Menschen bemühen sich, das empfangene Lob zu rechtfertigen.

Vertrauen

Das amerikanische Versandhaus Lands' End hat sich mit seltener Konsequenz und großem Erfolg dem Prinzip der Kundennähe verschrieben. Es bietet unter anderem eine Leistung, die für den deutschen Kunden kaum vorstellbar ist: Zeitlich unbegrenztes Umtauschrecht. Die Kunden bekommen auf Wunsch noch Jahre nach dem Kauf ihr Geld zurück. Lands' End nimmt Kleidung selbst dann zurück, wenn sie eindeutig schon oft getragen wurde. Man könnte annehmen, daß die Kunden ein derartig großzügiges Umtauschrecht weidlich ausnutzen würden. Die Erfahrungen von Lands' End zeigen jedoch, daß lediglich zweitausend von zweiundzwanzig Millionen Kunden pro Jahr – das sind weniger als 0,01 Prozent – die Garantieleistung mißbrauchen.

Warum funktioniert das Lands'-End-System? Ganz einfach: Vertrauen schafft Vertrauen. Wenn man ihnen deutlich zu verstehen gibt, daß man sie für anständig hält, fühlen sich die meisten Menschen verpflichtet, sich tatsächlich so zu verhalten.

Kunde willkommen!

Haben Sie schon jemals den Fehler begangen, in der letzten halben Stunde vor Geschäftsschluß einen Supermarkt zu betreten? Sie werden es vermutlich bereut haben (und – so vielleicht die Hoffnung des Personals – diesen Fehler nicht wiederholen): Ihre Chance, noch Wurst oder Käse aufgeschnitten zu bekommen, ist gering; dafür finden emsige Putzaktivitäten um Ihre Füße herum statt.

Selbstverständlich wollen auch Angestellte eines Supermarkts irgendwann Feierabend haben. Doch stimmt etwas an der Organisation der Arbeitszeiten nicht, wenn Aufräumarbeiten noch während der Öffnungszeiten durchgeführt werden müssen. Der Kunde kann erwarten, daß er willkommen ist. Zwischen Putzmaschine und die Einnahmen zählenden Kassiererinnen fühlt er sich allerdings eher als störender Eindringling. Mehr als das unbedingt

Nötige wird er in dieser Stimmung kaum kaufen. Sind die eingesparten Personalkosten das wert? Vergleichen wir noch einmal mit den amerikanischen Verhältnissen. Dort leisten sich Supermärkte sogar Personal, das den Käufern beim Einpacken der Einkäufe hilft. Rentner, Schüler und Hausfrauen verdienen sich mit solchen Jobs ein Taschengeld.

Doch auch in Deutschland haben manche Dienstleister inzwischen erkannt, daß Kundenfreundlichkeit einen Wettbewerbsvorteil bringt. Ein Nürnberger Hotel arbeitet mit großem Erfolg nach einem Konzept, das in erster Linie auf die Zufriedenheit der Kunden setzt. Schon bei seiner Ankunft wird jeder Gast an der Rezeption mit einem Glas Sekt willkommen geheißen. Die herzliche Behandlung des Gastes ist für das Personal oberstes Gebot. Bei der Einstellung neuer Mitarbeiter spielen die sozialen Fähigkeiten der Bewerber eine entscheidende Rolle. Regelmäßig finden Besprechungen aller Angestellten statt. Hier bringt jeder seine Beobachtungen und Vorschläge ein, wie man sich noch besser auf die Gäste und ihre Bedürfnisse einstellen könnte. Die Bemühungen um das emotionale Wohlbefinden der Gäste machen sich bezahlt: Das Hotel erzielt doppelt so viel Umsatz wie vergleichbare, weniger kundenorientierte Hotels.

Ohne Risiko und Nebenwirkung: emotionale Intelligenz und Gesundheit

Die chinesische Medizin weiß es schon lange: Gesundheit und Gefühle sind eng miteinander verquickt. So hängen Organstörungen mit bestimmten Emotionen und Stimmungen zusammen: Krankheiten von Milz und Magen beispielsweise mit Schüchternheit, Grübeln und Besorgnis; Krankheiten von Lunge und Dickdarm mit Traurigkeit und Resignation.

Inzwischen ist die enge Beziehung von Seele und Körper auch in der westlichen Medizin ein Thema. Immer mehr Patienten und ihre Ärzte fordern eine ganzheitliche Medizin, die den Körper nicht als mechanisch funktionierende Maschine ansieht. Die psychosozialen Faktoren des Patienten sollen konsequent in Diagnose, Behandlung und Prävention von Krankheiten einbezogen werden. Heilpraktiker befriedigen in diesem Bereich ein Bedürfnis, das von vielen Schul- und Apparatemedizinern vernachlässigt wird.

Wenn die Angst auf den Magen schlägt

Was der Volksmund längst weiß, beweisen die Ergebnisse vieler wissenschaftlicher Studien: Menschen, die unter chronischer Angst leiden, haben ein erhöhtes Risiko, ein Magengeschwür zu bekommen. Der Zusammenhang zwischen Ängsten und Magenerkrankungen ist nur ein Beispiel dafür, daß unser Körper empfindlich auf belastende Gefühle reagiert. Negative Emotionen sind ebenso ein Gesundheitsrisiko wie ein erhöhter Cholesterinspiegel, Alkohol, Rauchen oder ungesunde Ernährung.

Die Tendenz, sich rasch zu ärgern, erhöht die Wahrscheinlichkeit, an einem Herzinfarkt zu sterben, um das Siebenfache. Das ergab eine Langzeitstudie, die über einen Zeitraum von fünfundzwanzig Jahren an amerikanischen Ärzten durchgeführt wurde. Häufiges Ärgern ist somit noch gesundheitsschädigender als schon lange bekannte Risikofaktoren wie Rauchen und Bluthochdruck.

Die amerikanischen Psychologen Alan Christensen und Timothy Smith stellten fest, daß cholerische Menschen dazu neigen, ihre Umwelt mißtrauisch und überkritisch zu beobachten. Schon beim geringsten Anlaß kommen sie in Rage. Ihre ständig erhöhte Wachsamkeit ist mit einer gesteigerten Ausschüttung der Streßhormone und des Sexualhormons Testosteron verbunden. Zudem verstärkt Ärger fast alle anderen bekannten Risikofaktoren für Herzkranzgefäßerkrankungen: Ärger bewirkt als körperliche Reaktion einen erhöhten Pulsschlag, Bluthochdruck sowie eine Erhöhung des Cholesterinspiegels.

Sie wissen mittlerweile, daß das ungehemmte Austoben von Zorngefühlen diese nicht abkühlt, sondern noch steigert. Die Psychologin Hannelore Weber befragte in einer Untersuchung zweihundert Personen, wie sie mit Wut umgehen. Diejenigen, die ihrem Ärger gewöhnlich freien Lauf ließen, berichteten, daß sie sich hinterher noch schlechter fühlten. Ähnlich äußerten sich auch die Probanden, die dazu neigten, Wutgefühle in sich hineinzufressen. Am besten fühlten sich die Personen, die eine gewisse Distanz zu ihrer Wut bewahrten und dadurch offen und ernsthaft um Klärung bemüht auf das Ärgernis zugehen konnten. Der amerikanische Psychiater Redford Williams empfiehlt Menschen, die zu Jähzorn neigen, die folgende Methode: Sie sollen ihre Gedankengänge aufschreiben, um so die aufmerksame Selbstbeobachtung zu fördern. Auf diese Weise gelingt es ihnen leichter, ihren Zorn zu hinterfragen und sich wieder abzuregen.

Erkrankungen der Wirbelsäule

Manche Menschen, denen das Leben einen Tiefschlag versetzt hat, lassen »den Kopf hängen«, fühlen sich »geknickt«. Andere wahren »Haltung«. Den sprichwörtlichen Wechselwirkungen zwischen Wirbelsäule und Psyche gehen Wissenschaftler zunehmend auf den Grund. Für die genaue Erforschung der möglichen Ursachen von Rückenerkrankungen besteht ein großer Bedarf: Rükkenschmerzen sind das Volksleiden Nummer eins. Zur Zeit sind chronische Rückenschmerzen in Deutschland der häufigste Grund für Frühverrentungen.

Depressive Menschen leiden mit größerer Wahrscheinlichkeit an chronischen Rückenschmerzen als andere. Sie erleiden auch häufiger Rückfälle nach orthopädischen Behandlungen und Operationen. Die Kieler Medizinpsychologin und Verhaltenstherapeutin Monika Hasenbring erklärt dies so: Wenn wir niedergeschlagen sind, werden wahrscheinlich weniger Endorphine ausgeschüttet. Endorphine sind körpereigene Opiate: Sie wirken stimmungsaufhellend, aber auch schmerzlindernd.

Umgekehrt können Rückenleiden zu Depressionen führen. Ständige Rückenschmerzen wirken auch auf die Psyche eines Patienten zermürbend, der vor seiner Erkrankung kein Kind von Traurigkeit war. Es hängt sehr stark vom familiären und sozialen Umfeld ab, ob Patienten mit Rückenerkrankungen mehr oder weniger depressiv auf ihre Situation reagieren. Für die Umwelt ist es dabei gar nicht so einfach, sich richtig zu verhalten.

- Allzu große Fürsorglichkeit bestätigt manche Patienten in ihrer Krankenrolle: Sie nehmen ein Schonverhalten ein, reduzieren ihre körperlichen Aktivitäten und schränken ihre sozialen Kontakte ein. Weil es ihnen an Ablenkung mangelt, nehmen sie ihre Schmerzen bewußter wahr und verfallen um so leichter in eine depressive Stimmung. Die fehlende Bewegung läßt außerdem die Rückenmuskulatur verkümmern.

- Andererseits kann aber auch zuwenig familiäre Unterstützung depressive Reaktionen begünstigen: Wenn das soziale Umfeld des Patienten seine besondere Situation ignoriert, fühlt er sich im Stich gelassen und zieht sich zurück.

Am günstigsten wirkt sich ein Gleichgewicht zwischen emotionaler Unterstützung und Ermutigung zur Aktivität aus.

Der amerikanische Therapeut Dennis C. Turk fand heraus, daß Patienten, die ihre Schmerzen unter Kontrolle glauben und als nicht sehr bedeutsam einschätzen, auch weniger medizinische Behandlung brauchen. Sie sind aktiver und damit für Depressionen weniger anfällig. Betroffene, die sich ihren Schmerzen hilflos ausgeliefert fühlen, neigen zum »Katastrophisieren«: Durch Gedanken wie »Das ist ja kein Leben mehr!« verfallen sie immer mehr in Trübsinn.

Zahnerkrankungen

Zitieren wir wieder den Volksmund: Menschen, die bereit sind, an die Grenzen ihrer Leistungsfähigkeit zu gehen, haben »Biß«. Wenn wir mit einer belastenden Situation zu kämpfen haben, müssen wir »die Zähne zusammenbeißen«; »zähneknirschend« gehen wir zweimal im Jahr zum Zahnarzt. Wir alle kennen und benutzen diese und ähnliche Redensarten. Trotzdem: Im Zusammenhang mit Zahnerkrankungen denken die meisten ausschließlich an Ursachen wie mangelnde Zahnpflege, falsche Ernährung, Bakterien oder ungünstige Erbanlagen.

Ein erster Zusammenhang zwischen Zahngesundheit und Seelenleben wird deutlich, wenn wir an unsere Angst vor dem Verlust der Zähne denken. Intakte Zähne gelten als Symbol für Attraktivität, Jugendlichkeit und Stärke. Den Verlust von Zähnen assoziieren wir mit Alter und Verfall. Kein Wunder: Mit jedem gezogenen oder ausgefallenen Zahn geht im wahrsten Sinn des Wortes ein Stückchen von uns selbst verloren. Viele Zahnerkrankungen führen deshalb zu psychischen Problemen wie Niedergeschlagenheit, Gereiztheit, negativem Selbstwertgefühl, Antriebslosigkeit.

Der deutsche Zahnarzt Dietrich Volkmer beschäftigte sich mit dem Zusammenhang zwischen bestimmten Zahnerkrankungen und dem seelischen Hintergrund der Betroffenen. Seine Beobachtungen deuten auf eine Wechselwirkung von Zahn- und Seelenzustand hin. Der Zustand der Zähne beeinflußt unser Gefühlsleben. Umgekehrt beeinträchtigen psychische Faktoren die Zahngesundheit und können zum Beispiel Parodontose, Zähneknirschen und Karies begünstigen.

Parodontose. Volkmer fiel auf, daß Patienten, die an Parodontose leiden, häufig keine feste familiäre oder berufliche Verankerung haben. Ähnliche Beobachtungen machte der Aachener Zahnarzt Alexander Rossaint. Er bringt Zahnfleischprobleme mit fehlendem Urvertrauen des Patienten und seiner Unfähigkeit in Zusammenhang, einmal getroffene Entscheidungen in die Tat umzusetzen.

Zähneknirschen. Menschen, die ihre Wünsche und Bedürfnisse nicht äußern, weil sie ohnehin mit Ablehnung rechnen, leiden häufiger als andere unter Zähneknirschen. Ganzheitlich orientierte Zahnärzte empfehlen daher notorischen Zähneknirschern Körpertherapien zum Abreagieren angestauter Aggressionen.

Karies. Menschen, deren Bedürfnis nach Anerkennung und Liebe nicht ausreichend erfüllt wird, neigen verstärkt zu Karies. Die Erklärung ist einfach: Ihre unbefriedigten Bedürfnisse kompensieren sie mit erhöhtem Zuckerkonsum.

Bei der Entstehung von Karies kann eventuell auch Streß – ohne den Umweg über den Zuckerkonsum – eine Rolle spielen. 1958 entdeckte der kalifornische Zahnmediziner Ralph Steinman die Existenz eines Schutzmechanismus, der der Zerstörung des Zahnschmelzes durch Bakterien entgegenwirkt. Dieser Schutzmechanismus wird von einem Hormon der Ohrspeicheldrüse gesteuert. Diese erhält ihre Befehle von einer Steuerungsinstanz im Gehirn, die sehr empfindlich auf Streß reagiert. Ein Versuch mit Ratten wies den engen Zusammenhang zwischen Streß und Karies nach: Ratten bekamen karieserzeugende zuckerreiche Nahrung. Ein Teil der Ratten hatte viel Auslauf und Bewegungsfreiheit. Ein anderer Teil wurde in eine streßerzeugende Situation gebracht, indem man sie in enge Käfige sperrte. In der »Streßgruppe« bekamen deutlich mehr Tiere Karies als in der ersten Gruppe.

Immunsystem

Das Immunsystem galt in der Medizin lange Zeit als geschlossenes, sich selbst regulierendes System. Der Neurobiologe David Felten hat jedoch entdeckt, daß zu jedem Organ des Immunsystems bestimmte Nervenfasern führen. Chemische Botenstoffe – Neurotransmitter – bewirken über diese Verbindungen einen intensiven Informationsaustausch zwischen Gehirn und Immunsystem. Daraus folgt, daß Gedanken und Gefühle die Krankheitsabwehr beeinflussen können.

Streßsituationen – beispielsweise eine Scheidung oder der Verlust des Arbeitsplatzes – können eine Schwächung des Immunsystems verursachen. Das trifft besonders dann zu, wenn die streßauslösende Situation als nicht kontrollierbar erlebt wird.

Felten beobachtete bei seinen Forschungsarbeiten, daß Einsamkeit und eine verminderte Krankheitsabwehr oft im Doppel auftreten: Einsamkeit scheint ein Risikofaktor für das Immunsystem zu sein. Eine Studie an Medizinstudenten ergab, daß diejenigen, die wenig sozialen Rückhalt hatten und sich einsam fühlten, häufiger eine chronisch verminderte Immunabwehr besaßen als jene, die befürchten mußten, ihr Examen nicht zu bestehen. Auch bei alten Menschen wurde der enge Zusammenhang zwischen Einsamkeit und verringerter Immunabwehr nachgewiesen. Unter Umständen kann sich die Verbesserung der sozialen Kontakte auf den Gesundheitszustand einsamer Menschen positiver auswirken als die Behandlung mit Medikamenten.

Wunderdroge Hoffnung

Eigentlich sollte hinter der Überschrift dieses Kapitels ein Fragezeichen stehen. Wir wollen keinesfalls suggerieren, jeder kranke Mensch könne seine Gesundheit zurückgewinnen, wenn er nur fest genug daran glaube. Auch wollen wir nicht andeuten, eine optimistische Einstellung könne eine medizinische Behandlung ersetzen: Die »Wunderdroge Hoffnung« kann aber manchmal die Aussichten auf Heilung erhöhen.

Optimismus

In einer amerikanischen Untersuchung wurde bei Herzinfarktpatienten ein Optimismustest durchgeführt. Nach acht Jahren waren nur vier der fünfundzwanzig pessimistischsten Patienten noch am Leben, von den fünfundzwanzig optimistischsten Patienten hatten neunzehn überlebt. Optimisten haben offensichtlich eine erhöhte Chance, einen Herzinfarkt zu überstehen.

Optimistische Menschen resignieren nicht vor Krankheiten. Sie gehen davon aus, daß sie ihren Heilungsprozeß positiv beeinflussen können, und werden aktiv: Sie nehmen regelmäßig ihre Medikamente ein; sie informieren sich über ihre Krankheit und mögliche Risikofaktoren; sie ändern ihre Lebensgewohnheiten und stellen zum Beispiel ihre Ernährung um. Ihre optimistische Haltung bewirkt, daß sie die medizinische Behandlung optimal unterstützen.

Umgekehrt stehen depressive Stimmungen der Genesung im Weg. Eine Studie an Frauen mit einer Hüftknochenfraktur zeigte, daß die Patientinnen, die unter Depressionen litten, im Durchschnitt eine Woche länger im Krankenhaus bleiben mußten als Frauen, die nicht depressiv waren.

Zum Krankheitsbild der Depression gehört auch Antriebslosigkeit. Depressive Menschen sind oft nicht in der Lage, aktiv zu ihrer Genesung beizutragen. Zum Beispiel nehmen sie mit geringerer Wahrscheinlichkeit regelmäßig ihre Medikamente ein. Heilmaßnahmen, die die intensive Mitarbeit der Patienten erfordern – beispielsweise eine Physiotherapie – haben bei depressiven Menschen weniger Aussicht auf Erfolg.

Psychotherapeutische Betreuung

Vor sechs Jahren weckte eine aufsehenerregende Studie des amerikanischen Arztes David Spiegel neue Hoffnungen bei Krebspatienten. Spiegel beobachtete über einen Zeitraum von zehn Jahren sechsundachtzig Frauen mit Brustkrebs im fortgeschrittenen Stadium, bei denen sich bereits Metastasen gebildet hatten. Eine Hälfte der Patientinnen wurde nur schulmedizinisch behandelt. Die andere Hälfte nahm zusätzlich an einer wöchentlichen Gesprächsgruppe teil. Hier hatten die Frauen Gelegenheit, mit anderen Betroffenen über ihre Krankheitserfahrungen, ihre Probleme und ihre Ängste zu sprechen. Außerdem wurde gegen die Nebenwirkungen der Strahlen- und Chemotherapie ein Entspannungstraining durchgeführt. Die Mitglieder der psychisch betreuten Gruppe überlebten im Vergleich zur Kontrollgruppe durchschnittlich fast eineinhalb Jahre länger. Nach zehn Jahren waren noch drei der sechsundachtzig Patientinnen am Leben. Alle drei waren Teilnehmerinnen der Psychotherapiegruppe.

In der Fachwelt sind die Ergebnisse der Spiegel-Studie umstritten. Der Schweizer Arzt Claus Buddeberg, der ebenfalls eine Studie an Patientinnen mit Brustkrebs durchführte, stellte beispielsweise keinerlei Zusammenhang zwischen der psychischen Bewältigung der Krankheit und dem Krankheitsverlauf fest.

Einig ist man sich jedoch darüber, daß eine psychologische Betreuung für Krebspatienten in jedem Fall ein Gewinn ist. Die psychischen Folgen einer Krebserkrankung werden in der Regel besser bewältigt. Psychotherapierte Patienten – so die Ergebnisse einer britischen Studie – zeigen mehr Kampfgeist, leiden weniger unter Angst- und Ohnmachtsgefühlen und empfinden weniger Streß.

Patienten sind auch Menschen

Matthias ist beunruhigt. Seit einigen Wochen wacht er fast jede Nacht mit brennenden Magenschmerzen auf. Er beschließt, sich einen Termin beim Internisten geben zu lassen. Der Arzt hört sich die Symptome an und untersucht Matthias. Beim Abtasten des Bauches hat dieser starke Schmerzen. Der Arzt runzelt die Stirn und teilt Matthias mit, daß er am nächsten Morgen mit nüchternem Magen wiederkommen soll; er müsse eine Magenspiegelung durchführen. Matthias erschrickt. Er hat in diesem Moment nur einen Gedanken: Krebs. Unfähig, Fragen zu stellen, verläßt er die

Praxis. Den Rest des Tages verfolgen ihn quälende Fragen: Warum will der Arzt eine Endoskopie machen? Wie läuft diese Untersuchung überhaupt ab? Und vor allem: Was wird, wenn er wirklich Magenkrebs hat? Nach einer schlaflosen Nacht kommt er voller Unruhe in die Praxis. Weil Matthias so verkrampft ist, hat der Arzt Schwierigkeiten, den Endoskopieschlauch einzuführen. Er gibt Matthias deshalb ein Beruhigungsmittel, dessen Nachwirkungen ihm noch einige Stunden später zu schaffen machen. Als Matthias das Untersuchungsergebnis erfährt, fällt ihm ein Stein vom Herzen: Gott sei Dank; er hat nur eine relativ harmlose Magenschleimhautentzündung.

Vom rein medizinischen Standpunkt aus hat der Arzt verantwortungsbewußt und fachgerecht gehandelt. Ein einfühlsamerer Arzt hätte dem Patienten aber zumindest einen Teil seiner Ängste erspart.

Angstprophylaxe

Vielen Menschen jagt schon der Gedanke an einen Arztbesuch Angst ein: Wird der Arzt am Ende eine ernste Erkrankung feststellen? Wird er schmerzhafte Untersuchungen durchführen? Manche ertragen unnötigerweise Schmerzen, nur weil sie ihre Angst vorm Arzt nicht überwinden können. Diejenigen, die sich trotz und mit ihren Ängsten einer Untersuchung unterziehen, erleben diese unter Umständen unangenehmer als nötig: Wäre Matthias weniger verkrampft gewesen, hätte er vielleicht gar kein Beruhigungsmittel gebraucht. Der anschließende »Hang-over« wäre ihm dann erspart geblieben.

In vielen Fällen hat der Arzt es in der Hand, ob sein Patient sich übertrieben sorgt oder nicht. Angenommen, es steht eine unangenehme oder vielleicht schmerzhafte Untersuchung an, die der Patient zum ersten Mal erlebt – die meisten Menschen sind in dieser Situation beunruhigt. Viele Patienten sprechen ihre Ängste aber nicht an. Sie wollen nicht überempfindlich erscheinen oder sind durch ihre Angst blockiert. Vielleicht stellt der Arzt für sie auch eine Autoritätsperson dar, in dessen Gegenwart sie sich unsicher fühlen.

Ein Arzt, der sich nicht nur für die »Endoskopie von heute morgen« interessiert, sondern auch für den Menschen, der dazugehört, wird die Ängste und Befürchtungen seiner Patienten nicht ausklammern, ignorieren oder ins Lächerliche ziehen, sondern mit gezielten Maßnahmen lindern:

- Informationen über die Art, die Dauer und die Begleiterscheinungen der Untersuchung – zum Beispiel, daß der Patient ein Schmerzmittel erhalten und daher von der Untersuchung fast nichts spüren wird.
- Aufklärung über die medizinischen Implikationen: Warum ist die Untersuchung nötig? Welche verschiedenen Ergebnisse sind möglich? (Magenspiegelungen werden nicht – wie von vielen Patienten befürchtet – nur bei Verdacht auf Magenkrebs durchgeführt; sie sind ein Diagnosemittel auch für alle möglichen harmloseren Magenerkrankungen.)
- Beruhigung und Aufmunterung während der Untersuchung: »Nur noch drei Minuten, dann haben Sie's geschafft«; »Ja, das sieht sehr gut aus.«
- Vereinbarung eines Handzeichens mit dem Patienten, wenn die Schmerzen zu stark werden oder er eine kurze Pause braucht.

Das lateinische Wort »Patient« bedeutet übersetzt »der Erduldende«. Genau diese passive Rolle sollte der Patient nach Ansicht ganzheitlich orientierter Mediziner nicht einnehmen. Vielmehr ist seine Eigenverantwortung gefragt: der Patient als Bündnispartner des Arztes im Kampf gegen die Krankheit.

Der Erfolg der Behandlung hängt oft davon ab, inwieweit die Patienten selbst aktiv dazu beitragen. Schon die zuverlässige Einnahme der Medikamente erfordert die Kooperation des Patienten. Der Arzt kann nur das Rezept ausstellen und die Dosierung erklären. Der Patient hat es in der Hand, ob er das Rezept überhaupt einlöst und die Medikamente dann in der vorgesehenen Dosis und über den gesamten Therapiezeitraum hinweg einnimmt. Operationen und Medikamente reichen oft genug nicht aus, um die Gesundheit dauerhaft wiederherzustellen. Vielfach ist es nötig, daß der Patient seine Gewohnheiten ändert: das Rauchen aufgibt, auf die zwei, drei Gläser Rotwein am Abend verzichtet, sich mehr Bewegung verschafft.

Krankheit und medizinische Behandlung bedeuten in jedem Fall eine emotionale Belastung. Streß wird nachweislich um so stärker empfunden, je geringer die Möglichkeiten sind, die streßauslösenden Faktoren zu beeinflussen. In einem Tierversuch wurden Tiere einem leichten Elektroschock ausgesetzt, der zwar keinen Schmerz, aber eine Irritation bewirkte. Ein Teil der Tiere hatte die Möglichkeit, den elektrischen Reiz abzuschalten, ein anderer Teil nicht. Unabhängig davon, ob sie diese Möglichkeit nutzten, ging es den »selbstbestimmten« Tieren besser als der Vergleichsgruppe.

Belastungen sind also wesentlich besser zu ertragen, wenn sie als kontrollierbar empfunden werden. Auf den Patienten übertragen würde dies bedeuten: Der »Erduldende« empfindet mehr Streß als der Patient, der aktiv und selbstbestimmt am Heilungsprozeß mitwirkt. Erfahrungen mit Krebspatienten im Endstadium zeigen, daß diejenigen, die sich ihre Morphiuminjektionen selbst verabreichen, mit weniger Morphium auskommen als die, die sie vom Arzt oder einer Krankenschwester erhalten. Offenbar wirkt sich die Möglichkeit, den Schmerz nach eigener Entscheidung jederzeit kontrollieren zu können, hilfreich auf das Schmerzempfinden aus.

Nicht jeder Patient kann und will in gleichem Maße Eigenverantwortung übernehmen. Nicht alle können eine schreckliche Wahrheit gleich gut verkraften. Es gehört zu den Aufgaben des Arztes, sich ein Bild davon zu machen, was er einem Patienten zutrauen darf und was nicht. Das gelingt um so besser, je aufmerksamer der Arzt seinem Patienten als Mensch Beachtung schenkt, ihm zuhört und sich in seine Psyche einzufühlen versucht. Gegenüber einem Patienten, der es auch sonst im Leben gewöhnt ist, Entscheidungen zu treffen und Verantwortung zu tragen, muß der Arzt eher die Rolle des fachlich kompetenten Beraters einnehmen. Wenn es ihm gelingt, den Patienten von seinen Vorschlägen zu überzeugen, wird gerade der kritische Patient verläßlich mitarbeiten.

Für andere Patienten ist der Gedanke, Verantwortung in Sachen Gesundheit zu übernehmen, eher ungewohnt. Sie fühlen sich besser, wenn sie sich der Autorität des Arztes anvertrauen können. Vorschläge und Alternativen wirken auf sie unter Umständen verunsichernd: Weiß der Arzt etwa selber nicht genau, was zu tun ist? Zur ursprünglichen Sorge wegen der gesundheitlichen Probleme kommt womöglich zusätzlich die Angst, mit diesen allein gelassen zu werden. Es erfordert ein gutes Gespür des Arztes für die psychischen Voraussetzungen des Patienten, um die richtige »Dosis« Eigenverantwortung zu finden.

Da helfen auch die besten Zeitschriften nicht: Im Wartezimmer eines Arztes vergeht die Zeit meistens quälend langsam. Zu der Anspannung angesichts des bevorstehenden Arztbesuches kommt bald auch der Ärger: Wofür hat man eigentlich einen Termin verabredet? Wenn dann auch noch die Arzthelferin auf unsere Nachfrage, wie lange es denn noch dauere, unwirsch reagiert, steigt unser Blutdruck oft gesundheitsschädlich an.

Patienten sind zahlende Kunden. Wenn sie sich in einer Arztpraxis wohl fühlen, kommt das nicht nur ihrer Gesundheit zugute; ihre Zufriedenheit entscheidet auch darüber, ob eine Arztpraxis floriert oder nicht. Diese Tatsache wird häufig ignoriert.

Doch zumindest scheint das Problem erkannt zu sein. In Ärztezeitschriften häufen sich Artikel zum Thema »patientenfreundliche Arztpraxis«. Seminare werden angeboten, in denen Arzthelferinnen den Umgang mit Patienten trainieren können. Die Tips, die dort gegeben werden, klingen teilweise banal. Tatsächlich kann aber bereits ein freundliches Lächeln der Arzthelferin bewirken, daß der Patient sich weniger angespannt und wohler fühlt. Und wenn die Praxishelferin ihn auch noch mit seinem Namen anspricht, wächst seine Zuversicht, in guten Händen zu sein: Er ist hier keine Nummer.

Die Organisation und Einrichtung einer Arztpraxis kann dem Patienten manche unangenehmen Gefühle ersparen. Übertrieben lange Wartezeiten, die den Patienten (zu Recht) verärgern, lassen sich durch ein gut organisiertes Bestellsystem vermeiden. Und wenn – was im Praxisalltag natürlich nicht auszuschließen ist – doch einmal längere Verzögerungen entstehen, wird der Patient weit weniger gereizt reagieren, wenn die Arzthelferin ihn über die voraussichtliche Dauer der Verzögerung informiert und um Verständnis bittet.

Und noch ein Punkt: Auch und gerade Patienten haben Anspruch auf Intimität, Takt und Diskretion. Nicht alle Patienten schätzen Freizügigkeit in der Arztpraxis: Die Aufforderung »Machen Sie schon einmal den Oberkörper frei, der Herr Doktor kommt gleich«; die offene Tür zu einem Behandlungszimmer, in dem eine Wunde neu verbunden wird; oder die gedankenlose, für jedermann hörbare Begrüßung »Ach, Sie kommen zur Darmspiegelung« gehören in vielen Praxen zum ganz normalen Alltag. Zum emotionalen Wohlbefinden der Patienten tragen sie nicht bei. Meistens genügen schon einfache Veränderungen bei der Praxiseinrichtung und -organisation, um dem Schamgefühl der Patienten und ihrem Anspruch auf Datenschutz Rechnung zu tragen. Schwierig daran ist allenfalls das Umdenken in den Köpfen!

TEIL 4

DER GRUNDSTEIN WIRD SCHON FRÜH GELEGT

Nicht von schlechten Eltern: emotionale Bildung in der Familie

Was Hänschen nicht lernt, lernt Hans nimmermehr: Für die Fähigkeiten der emotionalen Intelligenz gilt das zum Glück nicht. Auch als Erwachsene können wir noch (besser) lernen, mit unseren eigenen Gefühlen und denen der anderen intelligent umzugehen.

Dennoch: In den ersten Lebensjahren wird die Gefühlswelt entscheidend geformt: Selbstvertrauen, Selbstbeherrschung, Aufgeschlossenheit für Neues, Einfühlungsvermögen, Freude am Kontakt mit anderen sind elementare Fähigkeiten, die Kinder bereits in ihrer Familie aufbauen. Sie sind die Grundlagen der weiteren emotionalen Entwicklung. Wie stabil diese Grundlagen sind, hängt vor allem davon ab, wie gut die Eltern selbst mit ihren Gefühlen zurechtkommen: Emotional kluge Eltern sind in der Regel auch erfolgreiche emotionale Erzieher.

Emotionale Bildung lohnt sich: Kinder, die frühzeitig gelernt haben, mit ihren Gefühlen gut umzugehen, haben mehr Erfolg in der Schule als ähnlich begabte, aber emotional weniger geschickte Kinder. Sie finden leichter Freunde, haben ein entspannteres und herzlicheres Verhältnis zu ihren Eltern und sind weniger anfällig für Verhaltensstörungen und Suchtprobleme.

Die ersten emotionalen Erfahrungen

In den ersten vier Lebensjahren wächst das menschliche Gehirn auf zwei Drittel seines endgültigen Volumens an. In dieser Phase bilden sich neuronale Verknüpfungen wesentlich schneller als im späteren Leben. Lernprozesse laufen daher in den ersten Lebensjahren leichter ab als irgendwann später. Die frühe Kindheit bietet eine einmalige Chance, die vorhandenen Anlagen zur Entfaltung zu bringen. Dies gilt auch für die Entwicklung der Gefühlswelt.

Die Wurzeln der Hilflosigkeit

Wenn Sie ein Kind haben, kennen Sie den gutgemeinten Rat: »Laßt das Baby ruhig mal eine Weile schreien.«

Diesen Rat zu befolgen, ist für die emotionale Entwicklung eines Säuglings alles andere als förderlich. Wenn Säuglinge sich nicht wohl fühlen, haben sie nur eine einzige Möglichkeit, sich zu helfen: Schreien, um Hilfe herbeizuholen. Sie können nichts anderes unternehmen, um ihren Hunger zu stillen oder ihre Bauchschmerzen zu bekämpfen. Für die emotionale Entwicklung eines Babys ist es wichtig zu erfahren, daß die Eltern auf sein Weinen reagieren. Es erlebt, daß es Hilfe holen und Notsituationen beeinflussen und verändern kann. Diese Kontrollmöglichkeit gibt ihm ein Gefühl der Selbstsicherheit.

Wer wiederholt erlebt, nichts bewirken zu können, ist immer weniger motiviert, auf die Umwelt Einfluß zu nehmen. Mögliche Spätfolgen – das zeigen Untersuchungen von Martin Seligman – sind Angst, Depression, Hilflosigkeit.

Natürlich fragen sich Eltern, ob sie nicht andere wichtige emotionale Fähigkeiten – zum Beispiel die Impulskontrolle – untergraben, wenn sie immer sofort Gewehr bei Fuß stehen, sobald das Baby schreit. Lassen Sie sich nicht verunsichern: In den ersten Lebensmonaten schreien Säuglinge in der Regel nur, wenn sie sich in einer Lage befinden, die sie als Notsituation erleben. Erst ältere Kinder setzen das Weinen bewußt ein, um die Aufmerksamkeit und Zuwendung der Eltern zu bewirken. Je älter das Kind wird, desto genauer müssen Eltern zwischen akuten und aufschiebbaren Bedürfnissen unterscheiden lernen.

Die Anlage zur Empathie zeigen Babys schon früh: Bereits drei Monate alte Babys reagieren aufgeregt auf das Weinen eines anderen Kindes und beginnen selbst zu weinen. Warum verkümmert bei manchen Menschen die angeborene Fähigkeit, sich in andere einzufühlen?

Nach Ansicht des amerikanischen Psychiaters Daniel Stern hängt die Entwicklung von Empathie davon ab, ob es den Eltern gelingt, sich mit den Gefühlen des Kindes abzustimmen. Sowohl zu schwache als auch zu starke Reaktionen der Eltern auf die Gefühlsäußerungen des Kindes lösen bei diesem Bestürzung und Kummer aus:

- Werden Empfindungen, beispielsweise das Schmusebedürfnis, dauerhaft ignoriert, hört das Kind allmählich auf, diese Empfindung zu zeigen: Es hat ja keinen Sinn.
- Genauso falsch ist es aber, wenn die Eltern die emotionale »Versorgung« des Kindes übertreiben – zum Beispiel immer noch ein Küßchen verlangen, wenn das Kind sich längst für etwas anderes interessiert. Über kurz oder lang führt das dazu, daß das Kind Kuscheln mit unangenehmen Erlebnissen verbindet und damit aufhört, sein Bedürfnis nach Zärtlichkeit zu äußern.

Emotionale Unter- oder Überversorgung kann sogar bewirken, daß das Kind Gefühle, auf die die Eltern häufig zu schwach oder zu heftig reagieren, irgendwann einfach nicht mehr wahrnimmt. Seine Gefühlswelt wird ärmer.

Empfindungen, die außerhalb unseres eigenen Gefühlsrepertoires liegen, können wir bei anderen auch nicht nachfühlen. Kurz: Kinder einfühlsamer Eltern entwickeln in der Regel ebenfalls ein gutes Einfühlungsvermögen, Kinder wenig einfühlsamer Eltern haben später meist ein schlechteres Gespür für die Empfindungen anderer.

Die häufigsten Fehler

Eine 1994 veröffentlichte amerikanische Studie über Emotionen in der Familie schildert elterliche Verhaltensweisen, die sich negativ auf die emotionale Entwicklung von Kindern auswirken. Zu den häufigsten Fehlern gehören das Ignorieren der kindlichen Gefühle, übermäßige Toleranz und mangelnder Respekt vor den Gefühlen des Kindes.

Ignorieren der Gefühle. Julian versucht, die Teile eines Greifpuzzles einzusetzen. Endlich gelingt es ihm: Alle Teile sind am richtigen Platz. Er ist stolz auf sein Werk. Seine Mutter liest in einer Zeitschrift. Julian krabbelt zu ihr und zupft sie am Arm: Er will sein Puzzle zeigen. Julians Mutter blickt kurz auf. Als sie merkt, was der Kleine will, sagt sie teilnahmslos »Ja, schön« und wendet sich wieder der Zeitschrift zu.

Manche Eltern ignorieren die Gefühlsregungen ihres Kindes, die ihnen aus der Erwachsenenperspektive als unwichtig erscheinen. Sie erkennen nicht, wie wichtig solche scheinbar unbedeutenden Gefühlserlebnisse für die weitere Entwicklung des Kindes sind. Damit verpassen sie eine Chance, die Beziehung zu ihrem Kind zu vertiefen. Und sie versäumen es, seine emotionale Entwicklung zu unterstützen. Wenn Julians Mutter häufig so gleichgültig auf seine kleinen Erfolge reagiert, sind seine Aussichten, ein gesundes Selbstwertgefühl aufbauen zu können, gering.

Übermäßige Toleranz. Teresas Eltern finden es wichtig, daß ihre Tochter sich möglichst frei von Zwängen entwickelt. Wenn Teresa wütend ist, darf sie ihren Zorn deshalb ungehindert austoben. Die

Eltern greifen selbst dann nicht ein, wenn sie um sich schlägt oder mutwillig Dinge zerstört.

Übermäßig tolrerante Eltern überlassen es ausschließlich dem Kind, wie es mit seinen Gefühlen umgeht. Hinter diesem Verhalten steht bei manchen Eltern ein besonders liberales Erziehungsverständnis; andere gehen einfach den Weg des geringsten Widerstands. Eltern, die ihr Kind grundsätzlich gewähren lassen, versäumen es, ihm Strategien zu zeigen, mit Gefühlen umzugehen: Teresa zum Beispiel hätte man beibringen können, auf ein Kissen einzuschlagen oder Purzelbäume zu schlagen, wenn sie wütend ist. So aber hat sie nicht gelernt, ihre Aggression zu bewältigen und wird mit ihren Ausbrüchen bei anderen Kindern wahrscheinlich schnell anecken.

Mangelnder Respekt vor den Gefühlen des Kindes. Felix wacht nachts weinend aus einem schlechten Traum auf. Danach will er nicht mehr im Dunkeln schlafen. Seine Mutter legt großen Wert darauf, daß ihre Kinder nicht verweichlicht werden: Schließlich will sie, daß sie einmal in der harten Welt zurechtkommen. Sie ist der Meinung, Felix muß sich eben an die Dunkelheit gewöhnen.

Eltern mit sehr klaren Maximen und Lebensvorstellungen dulden bei ihrem Kind keine Gefühlsäußerungen, die in eine andere als die gewünschte Richtung weisen. »Stell dich nicht so an!« heißt es zum Beispiel oft bei Eltern, die viel Wert darauf legen, daß das Kind Selbstbeherrschung lernt. Auf Dauer wird das Kind aufhören, Gefühle zu zeigen, von denen es weiß, daß die Eltern ablehnend darauf reagieren. Mit seinen Ängsten und Kümmernissen bleibt es allein. Ohne Hilfe der Eltern hat Felix es schwer, geeignete Wege zu finden, seine Gefühle zu beruhigen. Würde die Mutter die Ängste ihres Sohnes respektieren, könnte sie ihn in kleinen Schritten wieder ans Einschlafen in der Dunkelheit gewöhnen, indem sie das Licht brennen läßt und jede Nacht etwas stärker abdunkelt. Eine wichtige Erfahrung für Felix, die ihm zeigen würde, daß und wie er Ängste schrittweise überwinden kann.

Die indirekte Erziehung: Was Eltern vorleben

Wir wissen: Wenn Kinder in der Nähe sind, sollen wir nicht bei rotgeschalteter Ampel die Straße überqueren – auch dann nicht, wenn die Straße vollkommen frei ist. Der Grund: Die Kinder würden es uns vielleicht nachmachen und – da sie die Situationen im Straßenverkehr noch nicht so gut einschätzen können wie wir – womöglich in Gefahr geraten.

Auch wenn Eltern das oft nicht merken, macht ein Kind jede Menge Lernerfahrungen, indem es das, was es sieht und hört, imitiert: Die Muttersprache beispielsweise wird zum Teil auf diesem Weg erworben. Bewußt wird uns das Nachahmungslernen meist dann, wenn das Kind irgendwo schlechte Angewohnheiten übernimmt. Zum Beispiel bei allen passenden und unpassenden Gelegenheiten Schimpfwörter testet, die es im Kindergarten aufgeschnappt hat. Besonders stark werden die Personen nachgeahmt, zu denen das Kind eine gute, gefühlsmäßige Bindung hat – also an allererster Stelle die Eltern. Darum ist es so wichtig, daß Eltern das vorleben, was sie bei ihren Kindern erreichen wollen: Wenn Sie möchten, daß Ihr Kind ehrlich ist, müssen auch Sie Ehrlichkeit praktizieren. Auch für den Umgang mit Gefühlen gilt: Die Eltern geben durch ihr eigenes emotionales Verhalten den Kurs vor.

Sich selbst beruhigen

Bastian ist stolz darauf, daß er allein in seinem Kinderzimmer schläft. Nur wenn es ein Gewitter gibt, bekommt er doch ziemlich große Angst und läuft ins Schlafzimmer der Eltern. Als es wieder einmal gewittert, sind Bastians Eltern nicht da. Zum Babysitter mag er sich nicht flüchten. Während noch Stolz und Angst in ihm kämpfen, nimmt er seinen Teddy in den Arm, streichelt ihn und redet ihm gut zu, daß er sich gar nicht zu fürchten braucht. Seine eigene Angst wird dabei immer kleiner.

Bastian hat sich so verhalten, wie es sonst seine Eltern tun, wenn er Angst hat: in den Arm nehmen, streicheln, gut zureden. Über den Umweg »Teddy« hat er sich selbst beruhigt, indem er die Verhaltensweisen seiner Eltern kopiert hat. Bastian hat gelernt, wie er sich selbst beruhigen kann, wenn ihn die Angst überkommt.

Eltern, die die Gefühle ihres Kindes wahrnehmen, zulassen und besänftigen, zeigen ihm indirekt Möglichkeiten, wie es sich selbst beruhigen kann, wenn es aufgeregt ist.

Erlernte Angst

Sabrina spielt mit ihrer Mutter im Garten. Plötzlich schreit Sabrinas Mutter laut auf und zieht das Kind weg: Eine Spinne seilt sich gerade neben ihnen ab. Seither hat Sabrina Angst vor Spinnen. Durch die Beobachtung der Angst ihrer Mutter hat Sabrina gelernt, selbst Angst zu haben.

Auch subtilere Ängste der Eltern übertragen sich auf die Kinder, selbst dann, wenn die Eltern glauben, sie hätten ihrem Kind solche Gefühle nie gezeigt. Viele Kinder haben sensible Antennen für atmosphärische Veränderungen und spüren es genau, wenn Mutter oder Vater beunruhigt sind. Die Unruhe der Eltern überträgt sich auf das Kind. Zum Beispiel reagieren Kinder, deren Mütter besonders besorgt sind, wie das Kind im Kindergarten zurechtkommen wird, mit großer Wahrscheinlichkeit ängstlicher auf die neue Situation als andere.

Erlernte Aggressivität

Andreas hat im Pausenhof einen Mitschüler getreten. Die Lehrerin teilt der Mutter den Vorfall mit. Als am Abend der Vater von der Angelegenheit erfährt, wird er wütend. Er gibt seinem Sohn eine Ohrfeige und schreit ihn an: »Wie oft muß ich dir noch sagen, daß du deine Mitschüler in Ruhe lassen sollst!«

Vermutlich hat Andreas es schon öfter erlebt, daß sein Vater ihm gegenüber Gewalt anwendet, wenn er zornig auf ihn ist. Aus dieser Beobachtung hat er gelernt: Wenn er wütend ist – zum Beispiel über den Spott eines Mitschülers – wendet er die gleiche Strategie an wie der Vater: Er reagiert aggressiv. Die verbale Botschaft des Vaters (»Du sollst deine Mitschüler in Ruhe lassen!«) zeigt keine Wirkung, da sie im Widerspruch zu seinem Verhalten steht.

Erlernter Pessimismus

Julia hatte in der letzten Mathematikschulaufgabe eine fünf. Auf die nächste Schulaufgabe bereitet sie sich gemeinsam mit einer Freundin intensiv vor. Am Morgen des Tages, an dem die Arbeit geschrieben werden soll, sagt Julias Mutter: «Das wird wohl wieder eine schlechte Note werden. Mit Mathe hattest du ja schon in der ersten Klasse Schwierigkeiten.« Julia schreibt diesmal eine drei. Der Kommentar ihrer Mutter: »Da hast du ja Glück gehabt.«

Julias Mutter ist darauf programmiert, vor Mißerfolgen zu resignieren und Erfolge als Glückssache zu betrachten. Mit der Zeit wird Julia vermutlich lernen: Die Ereignisse des Lebens können gar nicht oder nur wenig durch eigene Aktivität beeinflußt werden. Erfolge sind zufällig, Mißerfolge nicht kontrollierbar. Es hat keinen Zweck, selbst aktiv zu werden.

Gut möglich, daß Julias Lerneifer schon bald wieder nachläßt und die nächste Schulaufgabe dann tatsächlich wieder entsprechend schlecht ausfällt. Im nachhinein würde sich so die Botschaft der Mutter bestätigen. Obwohl Julia unter der pessimistischen Sichtweise ihrer Mutter leidet, wird sie sie wahrscheinlich langfristig übernehmen. Es steht zu befürchten, daß sie sich wie ihre Mutter zu einem unsicheren, passiven und depressiven Menschen entwickeln wird.

Umgekehrt haben Kinder optimistischer Eltern eine große Chance, ihrerseits eine von Zuversicht geprägte Gefühlswelt zu entwickeln. Optimistische Eltern leben vor: Erfolge sind zumindest teilweise der eigenen Leistung zuzuschreiben, Mißerfolge sind eine Gelegenheit zur Verbesserung. Eine optimistische Mutter hätte Julias Erfolg auf ihre gute Vorbereitung zurückgeführt und sie damit ermutigt, auch weiterhin intensiv zu üben.

Gefühle im Gespräch

»Man soll sein Herz nicht auf den Lippen tragen!« Wir können annehmen, daß Gefühle in Familien, in denen diese Maxime herrscht, kein Thema sind. Um aber mit unseren eigenen Emotionen und denen anderer umzugehen, müssen wir sie erst einmal benennen können. Wir müssen Worte haben für das, was gefühlsmäßig in uns abläuft. Je reduzierter unser emotionaler Wortschatz ist, desto eher bleiben wir – was Gefühle betrifft – nicht nur stumm, sondern auch taub und blind: Stumm, weil wir nicht über unsere Empfindungen sprechen können; taub, weil wir nicht in unsere Gefühlswelt hineinhören können; blind, weil wir die Gefühle anderer nicht wahrnehmen.

Gefühle beim Namen nennen

Der einjährige Florian baut einen Turm aus Bauklötzchen. Als der Turm einstürzt, fängt der Kleine an zu weinen. Seine Mutter nimmt ihn in die Arme und sagt zu ihm: »Ich weiß, du bist jetzt ärgerlich.« Dabei kopiert sie den Gesichtsausdruck ihres kleinen Sohnes.

Die Mutter benennt das Gefühl ihres Kindes, lange bevor es selbst sprechen kann. Sie liefert ihm damit Begriffe, die das Kind mit dem Gefühlserlebnis verknüpfen kann, das sich gerade in ihm abspielt. Während sie das tut, zeigt auch sie einen verärgerten Gesichtsausdruck. Von dem Gesicht der Mutter kann Florian ablesen, wie Ärger aussieht. Wenn sich solche Vorgänge wiederholen, lernt das Kind allmählich, daß sich Ärger immer gleich anfühlt und gleich aussieht: Es kann das Wort mit einer bestimmten Vorstellung verbinden – das Gefühl wird »etikettiert«, es bekommt einen Namen. Würde die Mutter (oder der Vater) die Gefühle des Kindes nicht verbalisieren und womöglich auch die eigenen Empfindungen nicht mitteilen, bliebe der Gefühlsbereich aus seinem passiven wie aktiven Wortschatz weitgehend ausgespart.

Geschichten mit Gefühl

Muck, der kleine Igel, ist traurig. Er hat keine Freunde, weil sich alle Tiere vor seinen Stacheln fürchten. »Wenn man mich nicht liebt«, sagt sich Muck trotzig, »dann soll man mich wenigstens fürchten.« Aber als der kleine Igel seinen Frust an anderen auslassen will, ist er selbst der Dumme. Der Waschbär Ringo erklärt ihm die Sache: »Einem anderen etwas Böses anzutun, bringt dir nur Ärger, schafft dir Feinde und läßt dich einsam sein, weil dich dann keiner mag.« Muck erkennt, daß es nicht an seinem Aussehen liegt, wenn er keine Freunde findet, und die Geschichte wendet sich zum Guten (Aus: Yoto Imoto / Yoto Yamazaki. *Muck, der kleine Igel.*)

Eine Bilderbuchgeschichte erzählt hier von emotionalen Vorgängen, die auch in vielen Kindern ablaufen: Enttäuschung, weil niemand mit ihnen spielen mag; der Wunsch nach Vergeltung; Verwirrung, weil die Vergeltung keine Befriedigung auslöst. Die Bilder illustrieren die beschriebenen Gefühle: Sie zeigen den Igel mit verschiedensten Gesichtsausdrücken, je nachdem, was er gerade empfindet.

Geeignete Bilderbücher erweitern das emotionale Vokabular: Eine bestimmte Mimik verbindet sich mit bestimmten Wörtern wie Freude, Angst, Wut usw. Weil sich die Kinder mit Figuren wie dem kleinen Igel gut identifizieren können, reden sie bereitwillig über ähnliche Gefühle, die sie selbst empfinden. Die emotionalen Erlebnisse der Figur öffnen das Kind dafür, selbst über eigene, ähnliche Empfindungen zu sprechen. Für Eltern eine gute Gelegenheit, die Ängste, Enttäuschungen und Wünsche ihres Kindes zu erfahren und ihnen dabei zu helfen, besser damit zurechtzukommen. Für das Kind eine gute Gelegenheit, die Sprache der Gefühle zu lernen.

Durch selbsterfundene Geschichten können Eltern Gespräche über Probleme ins Rollen bringen, über die sich ihr Kind ausschweigt. Angenommen, Ihrem Sprößling werden auf dem Spielplatz regelmäßig Spielsachen weggenommen und Sie sehen, wie er insgeheim darunter leidet. Erzählen Sie ihm eine Geschichte, in der Kinder, Tiere oder Sie selbst als kleines Kind mit dem gleichen Problem zu kämpfen haben. Über diesen Umweg gelingt es dem Kind leichter, sich seine Gefühle von der Seele zu reden.

Kinder können leichter über ihre Erlebnisse und die damit verbundenen Gefühle sprechen, wenn Eltern ihnen aufmerksam zuhören und nicht sofort die eigene Meinung dazu äußern. Es gibt viele Möglichkeiten, auch ohne Worte zu signalisieren, daß man wirklich voll und ganz bei der Sache ist: Durch Blickkontakt, eine zugewandte, offene Körperhaltung und ein gelegentliches Nicken können die Eltern dem Kind ihre Aufmerksamkeit deutlich machen. Thomas Gordon bezeichnet diese Methode in seinem Buch *Die Familienkonferenz* als *passives Zuhören*. Das hört sich zum Beispiel so an:

Sarah: ›Ich bin heute zum Direktor geschickt worden.‹

Mutter: ›Oh?‹

Sarah: ›Ja, Herr Wieser hat gesagt, ich schwätze zuviel.‹

Mutter: ›Aha.‹

Sarah: ›Ich kann den alten Tyrannosaurus nicht ausstehen. Er sitzt an seinem Pult und redet über seine Sorgen oder über seinen Enkel und erwartet, daß uns das interessiert. Du glaubst nicht, wie öde das ist.‹

Mutter: ›Hm-hmhm.‹

Sarah: ›Es ist so langweilig bei ihm. Man wird echt verrückt. Er ist selber schuld, wenn wir dauernd Blödsinn machen. Er ist einfach der schlimmste Lehrer, den man sich denken kann. Er macht mich rasend.‹

Mutter: (Schweigen)

Sarah: ›Bei einem guten Lehrer mache ich ja mit, aber wenn ich jemand wie Herrn Wieser kriege, habe ich einfach keine Lust zum Lernen. Wieso ist der bloß Lehrer geworden?‹

Mutter: (Achselzucken)

Sarah: ›Naja, irgendwie muß ich mich an ihn gewöhnen; vermutlich werde ich nicht immer nette Lehrer kriegen. Es gibt mehr schlechte als gute, und wenn ich mich von den schlechten unterkriegen lasse, bekomme ich nie die Noten, die ich fürs Gymnasium brauche.‹

Das schweigende, aber dennoch aufmerksame Zuhören ermöglicht es dem Kind, sich Frust und Zorn von der Seele zu reden. Die Mutter läßt die Gefühlsäußerungen unkommentiert zu. Dadurch entsteht eine Atmosphäre, in der Sarah sich angenommen fühlt und selbst eine Art Lösung des Problems finden kann.

Viele Eltern hätten auf die Mitteilung des Kindes ganz anders reagiert: »Bestimmt hast du wieder zuviel geschwätzt!«; »Na, das hast du dir selbst zuzuschreiben!«; »Hoffentlich läßt du dir das eine Lehre sein«. Solche Reaktionen hätten weitere Mitteilungen des Kindes abgeblockt: Eine eigene Problemlösung wäre kaum zustande gekommen.

Aktives Zuhören

Eine andere Technik, die sich gut eignet, mit Kindern und Jugendlichen ins Gespräch zu kommen und im Gespräch zu bleiben, ist das *aktive Zuhören*. Es erfordert einfühlsame Eltern, denen es gelingt, die emotionalen Botschaften hinter den Äußerungen ihrer Kinder richtig zu entschlüsseln. Dazu noch einmal ein Beispiel, das wir Gordons *Familienkonferenz* entnommen und sprachlich überarbeitet haben:

Sonja: ›Du, Papi, welche Mädchen hast du denn früher toll gefunden? Wie waren die denn so?‹

Vater: ›Du fragst dich wohl, was du an dir haben mußt, damit dich die Jungen mögen. Stimmt's?‹

Sonja: ›Ja, irgendwie habe ich das Gefühl, daß sie mich nicht leiden können, und ich weiß einfach nicht, warum.‹

Der Vater hat richtig entschlüsselt und ausgesprochen, was in seiner Tochter vorgeht. Dadurch gibt er dem Gespräch eine neue Richtung. Es geht nicht mehr darum, was der Vater an Mädchen interessant fand. Das eigentliche Problem ist jetzt das Thema: die Verunsicherung und die Selbstzweifel der Tochter.

Schüchternheit ist kein Schicksal

Die Angst vor sozialen Kontakten ist weit verbreitet: In Amerika soll fast die Hälfte der Bevölkerung davon betroffen sein. Die Angst vor anderen gilt – auch in Deutschland – als zweithäufigste Angststörung.

Eine Studie an Berliner Studenten zeigt, wie stark selbst Personengruppen betroffen sind, bei denen man solche Ängste kaum vermutet hätte. 51 Prozent der Studenten berichteten, sie hätten Angst davor, in nicht privaten Situationen zu sprechen – 35 Prozent litten unter Versagensängsten, 16 Prozent befürchteten, sich vor anderen zu blamieren. Wegen dieser Ängste vermieden sie es, soweit möglich, sich in Situationen zu begeben, in denen sie der Aufmerksamkeit anderer ausgesetzt waren.

Schüchterne Menschen lähmt das Gefühl, sich optimal darstellen zu müssen. In sozialen Situationen beobachten sie sich selbst überkritisch. In ihrem Kopf laufen beunruhigende Fragen ab: »Wie wirke ich auf die anderen?«, »Merkt man, daß ich nervös bin?«, »Bin ich passend angezogen?«, »Habe ich zu laut gelacht?«, »Was sage ich, wenn eine Gesprächspause entsteht?« Diese zwanghafte Selbstbeobachtung löst Streß aus: erhöhten Blutdruck, Herzklopfen, Schweißausbrüche, Erröten. Es kostet Schüchterne eine Menge Kraft, ihre Unsicherheit nach außen zu verbergen. Gerade wegen ihrer krampfhaften Bemühungen, gut zu wirken, neigen sie zu linkischen Bewegungen. Ihre Angst, bei den anderen schlecht anzukommen, läßt sie in Gesprächen verstummen. Schüchterne stehen sich selbst im Weg.

Schüchtern geboren oder schüchtern geworden?

»Ich war schon als Kind schüchtern. Wenn meine Eltern mich irgendwohin mitnahmen, habe ich andauernd geweint.« Diese Aussage stammt von Bettina. Sie ist inzwischen erwachsen. Wenn sie an Festen im größeren Kreis teilnehmen soll, schiebt sie häufig Ausreden vor.

Marietta, Mutter des achtjährigen Daniel, berichtet: »Als kleines Kind war er sehr neugierig. Jede neue Umgebung hat er sofort erkundet.« Inzwischen gehört Daniel zu den Kindern in der Klasse, die zu schüchtern sind, ein anderes Kind zum Spielen aufzufordern.

Ist Schüchternheit nun angeboren, oder erwerben wir die Angst vor anderen erst durch bestimmte Erfahrungen? Beides ist möglich.

Schüchtern geboren. Der amerikanische Temperamentsforscher Jerome Kagan kam zu folgendem Ergebnis: Bei einem Drittel der schüchternen Erwachsenen gehört Schüchternheit zum biologischen Programm. Sie haben bereits im Mutterleib einen deutlich schnelleren Herzschlag als andere Föten. Mit vier Monaten reagieren sie motorisch heftiger als andere Kinder auf ihre Sinneswahrnehmungen (Gegenstände, Laute, Gerüche). In fremder Umgebung schreien sie mehr als andere Babys. Im Alter von vierzehn Monaten zeigen sie immer noch eine überdurchschnittlich hohe Herzschlagfrequenz, wenn sie mit einer neuen Situation konfrontiert werden.

Kagan bezeichnet solche Kinder als hoch reaktiv. Messungen der Gehirnströme zeigen bei ihnen eine deutlich erhöhte Aktivität der rechten Gehirnhälfte und des vegetativen Nervensystems, sobald die Kinder mit Neuem konfrontiert sind. Vermutlich reagiert der für die erste Gefühlsreaktion zuständige Mandelkern viel heftiger, als es der Situation angemessen wäre. Er sendet Warnbotschaften an das vegetative Nervensystem und bewirkt so Angstreaktionen wie höheren Blutdruck und schnelleren Herzschlag. Das Kind erlebt diese körperlichen Reaktionen als unangenehm, empfindet Angst und fühlt sich unwohl und unsicher. Säuglinge äußern ihr Unbehagen, indem sie schreien. Größere Kinder vermeiden die Situationen, die sie aufregen, und ziehen sich zurück.

Andere amerikanische Wissenschaftler stellten fest, daß Kinder, die im August oder September gezeugt wurden, mit höherer Wahrscheinlichkeit als schüchterne Kinder geboren werden. Ursache ist vermutlich das Hormon Melatonin, das für seine neuronale Aktivität bekannt ist. In den Wintermonaten, in denen der Fötus reift, wird Melatonin verstärkt produziert. Das Hormon gelangt über die Plazenta in den Fötus und kann eine angeboren hohe Erregbarkeit bewirken.

Schüchtern gemacht. Zwei Drittel aller schüchternen Menschen werden nicht mit dieser Anlage geboren: Ihre Schüchternheit entwickelt sich durch äußere Einflüsse. Interessante Hinweise auf solche äußeren Einflüsse liefern kulturvergleichende Studien des amerikanischen Sozialpsychologen Philip Zimbardo, in denen er die gesellschaftlichen Strukturen in Israel, Japan und Taiwan untersuchte. Dabei kam unter anderem heraus, daß sich 60 Prozent aller befragten Japaner und Taiwaner, aber nur 30 Prozent der Israelis als schüchtern einschätzen. Vermutlich liegt die Ursache für diesen erstaunlichen Unterschied im Erziehungsverhalten, das in dem jeweiligen Land vorherrscht. In Israel erhalten Kinder in der Regel sehr viel Aufmerksamkeit und Zuwendung, erfahren viel Lob und Anerkennung. Man ermutigt sie, neue Dinge auszuprobieren. In Japan und Taiwan werden Erfolge der Kinder den Eltern zugeschrieben: Die Eltern erhalten Anerkennung, wenn die Kinder etwas leisten. Für Mißerfolge dagegen werden die Kinder selbst verantwortlich gemacht.

Ob ein Mensch schüchtern wird oder nicht, hängt also offensichtlich auch davon ab, ob er ein stabiles Selbstwertgefühl aufbauen kann oder nicht.

Was Eltern tun können

Die drei Rezepte gegen Schüchternheit heißen Nestwärme, Anerkennung und Ermutigung.

Nestwärme. Menschen, für die Schüchternheit ein Fremdwort ist, haben mit großer Wahrscheinlichkeit in ihrer Kindheit viel Wärme, Geborgenheit, Sicherheit und Beständigkeit erfahren. Auf diesen Grunderfahrungen konnten sie ein stabiles Selbstwertgefühl aufbauen. Die Beziehung zu unseren Eltern ist unsere erste zwischenmenschliche Beziehung. Die Erfahrungen mit den Eltern werden verallgemeinert und auf die Beziehung zu anderen Menschen übertragen: Kinder, die sich von ihren Eltern geliebt fühlen, vertrauen leichter darauf, von anderen gemocht zu werden. Kinder dagegen, die von den Eltern wenig Liebe erfahren haben, befürchten auch im Umgang mit anderen Gleichgültigkeit oder Ablehnung.

Anerkennung. Schüchterne Menschen halten wenig von sich selbst: Sie empfinden sich als uninteressant, unbeholfen, ungeschickt, unattraktiv. Wohlgemerkt: Sie empfinden sich so. Die Realität kann ganz anders aussehen. Wir alle kennen Menschen, die völlig selbstbewußt auf andere zugehen, obwohl sie weder besonders klug noch besonders attraktiv oder besonders begabt sind. Und wir kennen auch andere, die gut aussehen, intelligent und beruflich erfolgreich sind, aber beim Zusammensein mit anderen unsicher und gehemmt wirken.

Es hat nicht allein mit den objektiven Fähigkeiten eines Menschen zu tun, ob er ein negatives oder positives Selbstbild hat. Kinder formen ihr Selbstbild zunächst nach den Reaktionen, die sie von ihren engsten Bezugspersonen erfahren. Bis wir anfangen, uns auch über den Vergleich mit anderen zu definieren, sind die Weichen schon gestellt: Kinder, die von ihren Eltern viel Anerkennung erhalten, glauben an ihre Fähigkeiten und gehen davon aus, daß sie im Vergleich mit anderen bestehen können. Kinder, deren Eltern selten loben, zweifeln an ihren Fähigkeiten und nehmen die anderen Kinder als überlegen wahr. Sie schämen sich, haben Angst, ausgelacht zu werden, und ziehen sich zurück.

Doch Vorsicht: Wenn das Lob nicht im Zusammenhang mit einer echten Leistung, einem wirklichen Fortschritt des Kindes steht, schadet es mehr, als es nutzt. Manche Eltern überhäufen ihr Kind mit Lob, gleichgültig, ob das Kind tatsächlich einen Grund dafür geliefert hat. Die Folge: Die Kinder neigen dazu, sich selbst zu überschätzen. Sie sehen die eigenen Fähigkeiten unrealistisch und werden deshalb von Gleichaltrigen oft nicht ernstgenommen. Ihr Arbeitsverhalten leidet – sie können ja sowieso schon alles. Hinzu kommt, daß die meisten Kinder es irgendwann merken, wenn hinter dem Lob keine echte Anerkennung steht. Das macht auf Dauer weder stolz, noch stärkt es das Selbstbewußtsein. Es gilt: Weniger (und dafür ernstgemeint) ist manchmal mehr.

Ermutigung. Schüchterne Kinder haben oft überbehütende Eltern. Die Frage nach Ursache und Wirkung läßt sich dabei nicht leicht beantworten. Ist das Kind schüchtern, weil die Eltern ihm alles abnehmen? Oder räumen die Eltern ihrem Kind jeden Stein aus dem Weg, weil es schüchtern ist und sie ihm die Aufregung ersparen wollen? Wie auch immer – Überbehütung hilft nicht. Schüchternheit ist eine Form von Angst. Und Ängste lassen sich nicht überwinden, indem man die angstauslösende Situation meidet.

Um Ängste loszuwerden, müssen wir die Erfahrung machen, daß wir die gefürchtete Situation meistern können: Wer Flugangst hat, kann sie nur überwinden, wenn er immer wieder einen Flug heil übersteht. Eltern können ihrem schüchternen Kind also nur helfen, indem sie es ermutigen, sich in neue Situationen zu begeben.

Der Wurf ins kalte Wasser wäre aber falsch: Wenn das Kind der Situation nicht gewachsen ist und daran scheitert, verstärkt das nur die Angst. Es gilt, Situationen zu finden oder zu schaffen, die das Kind voraussichtlich bewältigen kann.

Die zweijährige Tamara ist nicht dazu zu bewegen, auch einmal alleine, ohne ihre Mutter, bei anderen Leuten zu bleiben – weder bei Oma und Opa noch bei den Freunden von nebenan. Sobald sich die Mutter verabschiedet, fängt Tamara an zu weinen und zu klammern. Bis ihrer Mutter einfällt, wie sich das Problem vielleicht lösen läßt: Als sie wieder einmal gemeinsam mit den Nachbarskindern in deren Garten spielt, drückt die Mutter Tamara und den anderen ein Eis in die Hand. Sie erklärt ihrer Tochter, daß sie jetzt kurz nach Hause gehe, aber zurück sein werde, bevor Tamara ihr Eis aufgegessen habe. Diese Taktik hat Erfolg.

Der Zeitraum, wie lange es dauert, das Eis aufzuessen, ist für Tamara vorstellbar. Die Angstsituation ist damit zeitlich eindeutig begrenzt. Das hilft ihr, sie durchzustehen.

Für das Leben lernen: emotionale Bildung in der Schule

Berufstätige Väter und Mütter, alleinerziehende Elternteile, Ein-Kind-Familien, Leistungsdenken, Konsumdenken, Reizüberflutung durch Medien, verplante Tagesabläufe – das sind die gesellschaftlichen Bedingungen, die die Kindheitssituation vieler Schüler prägen. Die Folge: Emotional ausgeglichene, gelassene, kontaktfähige Schüler, die sich leicht in der großen Gruppe »Klasse« integrieren können, sind nicht die Regel. Viele Kinder kommen mit mehr oder weniger großen emotionalen und sozialen Defiziten in die Schule. Die Frage ist: Wie können Lehrer ihren Schülern das Einmaleins der Gefühle beibringen?

Die indirekte Erziehung: Was Lehrer vorleben

Die Lehrerin einer zweiten Klasse muß während einer Lesestunde ihre Schüler für einige Minuten allein lassen. Sie beauftragt Philipp, sich vorne ans Pult zu setzen und jeweils nach einem Absatz einen neuen Schüler zum Lesen aufzurufen. Als sie ins Klassenzimmer zurückkommt, staunt sie nicht schlecht: Was da auf ihrem Stuhl sitzt, ist eine kleine Kopie ihrer selbst. Philipp ist in seine neue Rolle vollkommen vertieft und ahmt dabei unbewußt die Körperhaltung, die Gesten und die Wortwahl seiner Lehrerin perfekt nach. Er lobt und ermahnt seine Mitschüler mit dem gleichen Gesichtsausdruck und den gleichen Worten, die sie gewöhnlich verwendet.

Wenn Ihr Kind zu Hause »Schule« spielt, erfahren Sie vermutlich viel über häufige Redewendungen, über den Tonfall und die Angewohnheiten seines Lehrers oder seiner Lehrerin. Und Sie bekommen mit, wie er oder sie auf bestimmte Situationen reagiert.

Vor allem für jüngere Schüler sind Lehrer enge Bezugspersonen, die sie ebenso wie die Eltern intensiv nachahmen. Dadurch erweitern sie ihr Verhaltensrepertoire – in die eine oder andere Richtung, je nachdem, was ihnen vorgelebt wird.

Konflikte lösen

Unter den Kindern einer ersten Klasse gibt es immer wieder Streit, wer auf dem Weg zum Schwimmbad, zum Sportplatz, zur Bücherei als erstes in der Reihe gehen darf. Der Lehrer hängt schließlich eine Liste mit den Namen aller Kinder an die Tür: Jedesmal darf jetzt ein anderes Kind vorne gehen – der Name dieses Kindes wird auf der Liste angekreuzt. Da es nun wirklich ganz gerecht zugeht, gibt es einen Streitpunkt weniger.
Im Lauf desselben Schuljahres bricht sich eine Schülerin dieser Klasse – Barbara – ein Bein. Sie kann wochenlang nicht mit den anderen in den Schulhof. Damit sie sich nicht langweilt, darf jeweils ein Kind während der Pause mit Barbara im Klassenzimmer bleiben. Welches, das entscheidet Barbara, allerdings soll es jeden Tag ein anderes Kind sein. Barbaras Mitschüler reißen sich um diese Aufgabe. Nach einigen Tagen gibt es den ersten Streit: Barbara hat eine Mitschülerin schon zweimal ausgewählt, andere noch nie. Am nächsten Tag schreibt Barbara eine Liste mit den Namen jener Kinder, die ihr in der Pause Gesellschaft leisten wollen. Nach dieser Liste geht sie nun systematisch vor. Bis der Gips abgenommen wird, gibt es keinen Streit mehr.
Barbara erweist sich damit als gelehrige Schülerin: Sie erkennt ganz richtig, daß ihr Problem dem des Lehrers ähnlich ist, und übernimmt seine Form der Konfliktlösung. Voraussetzung dafür ist natürlich ihre grundsätzliche Bereitschaft, jedes Kind einmal zum Zug kommen zu lassen. Wie man das am besten macht, schaut sie sich von ihrem Lehrer ab.

Wenn Schüler miteinander in Konflikt geraten, ziehen sie Lehrer häufig als Hilfsinstanz heran. In der Regel erwarten sie, daß der Lehrer herausfindet, wer der Schuldige ist, und diesen zurechtweist oder bestraft. Das ist im nachhinein nicht immer einfach. Häufig bekommt deshalb ein Kind den schwarzen Peter zugeschoben, das schon öfter als Querulant aufgefallen ist.

Thomas Gordon schlägt für solche Situationen die schon früher beschriebene Methode des aktiven Zuhörens vor. Der Lehrer läßt beide Streithähne zu Wort kommen. Er selber verzichtet auf wertende Äußerungen. Statt dessen versucht er, die emotionalen Botschaften hinter den Mitteilungen der Schüler zu entschlüsseln. Er liefert damit die Stichwörter, die den Schülern helfen, ihre eigenen Gefühle und die des Kontrahenten wahrzunehmen. Unter diesen Voraussetzungen finden die Kinder oft selbst eine Lösung für ihren Konflikt. Dazu noch einmal ein Fall, den wir aus Gordons Buch *Die neue Familienkonferenz* übernommen und sprachlich bearbeitet haben.

Anne, eine Schülerin der vierten Klasse, ist bei den anderen Kindern sehr unbeliebt, weil sie sie ständig ärgert. Niemand will neben ihr sitzen. Auch Laura will bei einer Partnerarbeit nicht mit Anne zusammenarbeiten:

Anne: ›Frau Schwarz, Laura will nicht neben mir sitzen und mir bei der Landkartenaufgabe helfen.‹

Laura: ›Aber mit Anne kann man nicht richtig arbeiten. Sie will immer nur quatschen und Blödsinn machen, und sie schmiert immer auf meinem Arbeitsblatt herum.‹

Frau Schwarz: ›Anscheinend habt ihr beide ein Problem. Ich möchte gern beide Seiten hören. Vielleicht finden wir gemeinsam eine Lösung.‹

Anne: ›Zuerst hat Laura gesagt, daß sie neben mir sitzen will, aber jetzt will sie nicht mehr. Sie hat das schon gleich nicht gewollt. Das hat sie nur gesagt, damit ich nett zu ihr bin und sie sich selbst gut vorkommt. Ich will aber wirklich mit ihr arbeiten.‹

Laura: ›Ich wollte auch wirklich mit dir arbeiten, aber du verdirbst immer meine Sachen, und dann werde ich nicht rechtzeitig fertig. Dir ist deine Arbeit egal, und du willst, daß ich es genauso mache.‹

Frau Schwarz: ›Anne, du möchtest, daß Laura bei diesem Projekt deine Partnerin ist, aber ihr beide kommt nicht miteinander aus. Laura, du hast gesagt, daß du mit Anne arbeiten möchtest, aber das ist schwierig, weil Anne die Arbeit nicht ernst nimmt. Fällt euch irgendeine Lösung für euer Problem ein?‹

Anne: ›Laura könnte mehr Geduld haben und mir helfen.‹

Laura: ›Ich könnte mich woanders hinsetzen, und wir arbeiten allein.‹

Anne: ›Wir könnten unsere Tische weiter auseinanderrücken.‹

Laura (nicht ganz ernst): ›Sie könnten Annes Mutter einen Brief schreiben, daß ihre Tochter unmöglich ist.‹

Anne: (ernste Vergeltung): ›Sie könnten Lauras Mutter sagen, daß ihre Tochter sich immer für perfekt hält.‹

Laura: ›Anne könnte sich einfach hinsetzen, mit ihrem Theater aufhören und endlich ihre Arbeit machen.‹

Anne: ›Laura könnte warten, bis ich zu dem Teil komme, an dem sie schon arbeitet.‹

Laura: ›Wir könnten es zusammen versuchen.‹

Anne: ›Wir könnten es noch mal versuchen ... und wenn es nicht klappt, können wir unsere Tische auseinanderrücken.‹

Mit der Hilfe der Lehrerin haben beide Mädchen etwas über die Gefühle der anderen erfahren. Die Lage hat sich dadurch verändert: Weil die Gefühle offen auf dem Tisch liegen, können die Mädchen sich einigen, einen ernsthaften Versuch zu einer Zusammenarbeit zu starten.

Einfühlsamkeit und Respekt

Letzter Schultag vor den Pfingstferien: Die Schüler und Schülerinnen der Klasse 8a sind in Ferienstimmung. Sie gehen davon aus, daß die Unterrichtsstunden locker verlaufen werden. Tatsächlich durften sie in der ersten Stunde einen Film anschauen. In der zweiten Stunde haben sie Englisch. Der Englischlehrer ist fest entschlossen, noch mit dem Stoff voranzukommen. Auf seine Fragen reagieren die Schüler lustlos, manche geben bewußt dumme Antworten. Moritz – im Fach Englisch keine Leuchte – soll übersetzen: »Mir schmeckt das Essen hier. Fisch und Chips sind toll.« Um einen Lacherfolg zu erzielen, vertauscht Moritz die Bedeutung von »food« (Essen) mit der von »foot« (Fuß) – wobei er sich bei der Aussprache des »t« besondere Mühe gibt: »I like the foot here. Fish and chips are great.« Die Klasse brüllt. Der Lehrer explodiert: »Was willst du eigentlich in einem Gymnasium? Du nimmst hier nur anderen den Platz weg! Dein Abitur wirst du sowieso nicht schaffen! Denk mal darüber nach, ob du nicht die Schule wechseln solltest!« Moritz läßt sich seine Betroffenheit nicht anmerken. Er fühlt sich aber wie vor den Kopf geschlagen.

Indem der Lehrer Moritz die Eignung für das Gymnasium abspricht, versetzt er seinem Selbstwertgefühl einen schweren Schlag. Seine Kritik ist verletzend, überzogen und verächtlich. Daß dies auch noch vor der ganzen Klasse geschieht, macht die

Sache noch schlimmer. Und nebenbei bemerkt: Als besonders humorvoll hat sich der Lehrer auch nicht gerade erwiesen.

Natürlich wurde der Lehrer von den Schülern schon eine ganze Weile lang provoziert. Trotzdem wäre ein Lehrer mit mehr Feeling gar nicht erst in diese Situation geraten. Er hätte für die Ferienstimmung der Schüler Verständnis aufgebracht. Um die Stunde dennoch sinnvoll für sein Fach zu verwenden, hätte er besonders motivierende Themen oder Lernformen geplant – zum Beispiel einen englischsprachigen Schlager oder ein Vokabeltraining am PC. Vermutlich hätten die Schüler dann trotz Ferienlaune mitgezogen, und der unschöne Vorfall hätte sich nie ereignet.

Es wäre natürlich blauäugig anzunehmen, Lehrer könnten provozierendes Verhalten der Schüler durch Einfühlsamkeit immer und zu jeder Zeit verhindern. Schließlich können und sollen Lehrer nicht allen Bedürfnissen der Schüler Rechnung tragen. Ohne Grenzen geht es nicht: Der Lärmpegel in der Klasse muß jedem Schüler ein konzentriertes Arbeiten ermöglichen; Hausaufgaben sind nötig, um den Lernstoff einzuüben; im Schulhof müssen bestimmte Regeln beachtet werden, um die Verletzungsgefahr gering zu halten.

Die Notwendigkeit, Grenzen zu setzen, beinhaltet jedoch nicht die Notwendigkeit, die Selbstachtung von Schülern zu demontieren. Moritz hat sich nicht gerade konstruktiv verhalten. Es ist in Ordnung, wenn der Lehrer ihn zurechtweist – nicht in Ordnung ist es allerdings, daß er Moritz stellvertretend für alle anderen »Störer« rüffelt. Die Zurechtweisung kann aber auch so formuliert sein, daß das Selbstwertgefühl von Moritz nicht verletzt wird. Zum Beispiel könnte der Lehrer mit einem Scherz reagieren (»Mit welchen Beilagen ißt du Füße am liebsten?«). Auf diese Weise bliebe er mit der erheiterten Stimmung der Klasse im Einklang; das fruchtlose Gegeneinander würde vermieden. Danach könnte er Moritz ruhig und bestimmt auffordern, den Satz richtig zu übersetzen.

Der konstruktive Umgang mit Problemsituationen verlangt Lehrern eine Menge emotionaler Fähigkeiten ab:

- Achtung vor den Schülern, die sie auch im Zorn oder im Umgang mit schwierigen Kindern davon abhält, verletzend zu werden;
- die Fähigkeit, mit der eigenen Wut umzugehen;
- ein stabiles Selbstwertgefühl, das sie nicht jede Schülerprovokation als persönlichen Angriff werten läßt;
- die Fähigkeit, sich in die Motive der Schüler einzufühlen;
- das Wissen, wie sich ihr Umgangston auf die emotionale Entwicklung der Schüler auswirkt.

Schüler, die mit emotional intelligenten Lehrern zu tun haben, gehen lieber zur Schule, lernen angstfreier und bauen ein gesünderes Selbstwertgefühl auf. Vor allem aber färbt die humane Einstellung der Lehrer auf sie ab.

Eine amerikanische Studie untersuchte die Auswirkungen von Seminaren, in denen Lehrer darin geschult wurden, sich im Umgang mit den Schülern einfühlsam zu verhalten und mißachtende Äußerungen zu vermeiden. Man beobachtete einen Zuwachs an Selbstachtung bei den Schülern, eine Steigerung der Lernleistung, eine Verbesserung der Kreativität, weniger Schulversäumnisse und vor allem eine Abnahme der Disziplinprobleme. Lehrer, die sich in ihre Schüler hineinversetzen und ihnen mit Achtung begegnen, tragen dazu bei, daß der Schulalltag weniger von Wut, Angst und Frust geprägt ist. Die allgemeine Stimmung ist weniger aggressiv. Und einfühlsame Lehrer stecken ihre Schüler mit der von ihnen vorgelebten Einstellung an: Der Umgangston wird menschlicher.

Dagegen dürfen sich Lehrer, die ihren Schülern regelmäßig mit Mißachtung begegnen, nicht wundern, wenn ihre Zöglinge schonungslos auf den Gefühlen schwächerer Mitschüler herumtrampeln: wenn sie im Sport Ungeschicktere erbarmungslos verspotten oder einen Schüler, der eine schlechte Note geschrieben hat, als »gehirnamputierten Idioten« bezeichnen.

Neue Unterrichtskonzepte

Was tun Sie, wenn Sie sich in ein neues Computerprogramm einarbeiten, Ihre Steuererklärung ausfüllen oder sich auf einen Vortrag vorbereiten? Sie kochen sich eine Tasse Kaffee und machen es sich mit Ihren Unterlagen auf dem Sofa bequem; Sie legen eine entspannende CD ein; Sie gehen im Zimmer auf und ab oder sitzen auf einem Sitzball vor Ihrem Bildschirm. Auf jeden Fall ist es für Sie selbstverständlich, sich eine Atmosphäre schaffen zu können, die Ihren persönlichen Bedürfnissen entgegenkommt. Sie bestimmen, wo, wie lange und unter welchen Bedingungen Sie sich mit Ihrem Thema beschäftigen.

Kinder können das im Laufe ihres Schulvormittags in der Regel nicht. Ihr Schulalltag wird ihren Bedürfnissen oft wenig gerecht: Nüchterne Schulgebäude und Klassenzimmer, ständiges Stillsitzen, strikt vorgegebene Themen, unbequeme Stühle, Notendruck und feste Pausenzeiten tragen nicht unbedingt dazu bei, daß sie sich bei ihrer Arbeit wohl fühlen.

Schulisches Lernen ist noch in vielen Klassenzimmern ein reines Lernen mit dem Kopf. Gefühle sind eher Nebensache. Doch die Realität holt die Schulen zunehmend ein: Angesichts der emotionalen und sozialen Defizite, mit denen viele Abc-Schützen in die Schule kommen, können Schulen sich nicht mehr länger auf die reine Wissensvermittlung beschränken. Wenn Schule tatsächlich auf das Leben vorbereiten will, muß sie für die ganze Persönlichkeit ihrer Schüler Entwicklungshilfe leisten. Die Richtlinien und Lehrpläne für die Grundschulen weisen schon seit einigen Jahren in diese Richtung. Doch auch die weiterführenden Schulen werden vermutlich über kurz oder lang umdenken müssen und sich nicht mehr auf die mathematisch-logischen und sprachlichen Aspekte der Intelligenz beschränken können.

Ganzheitliches lernen

Ganzheitliches Lernen umfaßt nicht nur den Intellekt, sondern bezieht ebenso Emotion, Intuition und Aktion in den Lernprozeß ein. Die Idee ist nicht neu: Lernen mit »Kopf, Herz und Hand« forderten Pädagogen wie Maria Montessori, Célestin Freinet oder Peter Petersen bereits im ersten Drittel unseres Jahrhunderts. Die sogenannten Reformpädagogen wandten sich mit ihren Konzepten gegen die rein rational ausgerichtete Buch-, Stoff- und Paukschule des 19. Jahrhunderts und suchten neue Wege, junge Menschen in ihrer Entwicklung zu fördern. Ihr zentrales Ziel war die Entwicklung aller Kräfte des Kindes, also der intellektuellen, kreativen, emotionalen, sozialen und motorischen. Den Weg dazu sahen sie in Unterrichtsformen, die auf die Selbsttätigkeit der Lernenden setzen: Eigene Erfahrungen und Entdeckungen treten an die Stelle von Lehrervortrag und Schulbuchweisheiten.

Die Erkenntnisse der moderneren Gehirnforschung unterstützen die Forderung der Reformpädagogen nach einem Unterricht, der alle Sinne des Menschen einbezieht. Das Gehirn steuert ja nicht nur die Denkprozesse, sondern in gleichem Maße auch Körperbewegungen, Sinnesorgane und Gefühlsempfindungen. Traditionelle Unterrichtsmethoden gehen meist von einer Trennung der verschiedenen Steuerungsbereiche aus und werden damit dem tatsächlichen Funktionieren des Gehirns nicht gerecht. Niemand wird zum Beispiel leugnen, daß die beste Prüfungsvorbereitung nicht viel hilft, wenn Angst ins Spiel kommt und einen Blackout auslöst.

Die Antwort der modernen Pädagogik auf die neueren Erkenntnisse der Gehirnforschung und die veränderten gesellschaftlichen Bedingungen heißt *offener Unterricht*. Unter diesem Schlagwort werden verschiedene neue Unterrichtskonzepte zusammengefaßt: Projektarbeit, freie Arbeit, Wochenplanarbeit, klassenübergreifendes Lernen. Neben der Wissensvermittlung zielen die Konzepte des offenen Unterrichts auf emotionale und soziale Kompetenzen ab: die Erfahrung, daß Lernen Freude macht; die Förderung der Selbständigkeit, der Selbstverantwortung und der Selbstkontrolle; die Verwirklichung der individuellen Interessen und Begabungen; den Aufbau eines stabilen Selbstwertgefühls; die Entwicklung der ganzen Persönlichkeit; den Ausbau der sozialen Fähigkeiten. Wie bei den Unterrichtsmodellen der Reformpädagogen sind Selbstbestimmung und Selbsttätigkeit der Schüler das A und O aller Konzepte des offenen Unterrichts.

Im Unterschied zur Reformpädagogik bleibt offener Unterricht heute kein Einzelfall: Anfangs teilweise noch als »Kuscheleckenpädagogik« belächelt, hat sich der offene Unterricht inzwischen etabliert: Die Rahmenrichtlinien der Kultusministerien empfehlen seit Beginn der neunziger Jahre ausdrücklich, Formen offenen Lernens in den Unterricht an staatlichen Schulen einzubeziehen. Immer mehr Lehrer orientieren sich an den neuen Konzepten. Viele Verlage bieten mittlerweile entsprechende Materialien an.

In der Aus- und Weiterbildung der Lehrer haben die Konzepte des offenen Unterrichts einen festen Platz.

PROJEKTARBEIT

Vielleicht erinnern Sie sich noch an den Schulhof, in dem Sie als Schüler Ihre Pausen verbracht haben: Wenn Sie Glück hatten, fällt Ihnen eine Wiese zum Fußballspielen ein, auf der nicht jeder Ausrutscher mit einem blutenden Knie geendet hat. Möglicherweise taucht vor Ihrem geistigen Auge eine gepflasterte oder geteerte Fläche auf, wo es wegen der Verletzungsgefahr verboten war zu laufen. Noch immer gibt es Schulhöfe, die so kinderfreundlich wie ein Parkplatz sind: Diesen Zustand zu ändern, wäre ein möglicher Anlaß für ein Projekt.

Projekte befassen sich immer mit einer lebenswirklichen Situation: einen tristen Schulhof umzugestalten, eine Schülerzeitung aufzubauen, ein Musical zu schreiben und einzustudieren.

Ziel des Projekts ist ein Ergebnis mit echtem Gebrauchs- oder Mitteilungswert: Der neue Pausenhof kommt allen Schülern zugute; Eltern, Lehrer und Mitschüler kaufen und lesen die Schülerzeitung; die Einnahmen der Musicalaufführung füllen die Klassenkasse oder finanzieren ein neues Projekt.

Projekte umfassen oft mehrere Unterrichtsfächer: Die Gestaltung des Schulhofes beispielsweise erfordert Aktivitäten aus den Fächern Kunsterziehung (Spielfelder aufmalen), Werken (Spielgeräte herstellen), Mathematik (Messen und Flächenberechnung), Deutsch (Regeln für die Benutzung der einzelnen Aktivitätszonen formulieren).

Projekte umfassen vier Phasen: Zielsetzung, Planung, Durchführung, Bewertung. Alle Phasen werden soweit wie möglich von den Schülern gestaltet; der Lehrer übernimmt die Rolle eines Beraters und Moderators. In allen Projektphasen werden neben kognitiven auch emotionale und soziale Ziele verwirklicht.

Die *Zielsetzung* des Projekts kann Vorschläge von Lehrern, Schülern oder Eltern aufgreifen oder aus einer unbefriedigenden Situation – zum Beispiel dem unattraktiven Schulhof – heraus entstehen. Wichtig ist, daß die Zielsetzung auf etwas Nützliches gerichtet ist und von der Mehrheit der Schüler akzeptiert wird. Unter dieser Voraussetzung werden viele der beteiligten Schüler eine Erfahrung machen, die sie bei Themen, welche durch Lehrpläne, Schulbücher oder Lehrer vorgegeben sind, seltener erleben: die Erfahrung, daß Anstrengung und Engagement Freude und Befriedigung bedeuten können. Ein wichtiger Schritt auf dem Weg zur Fähigkeit, sich selbst zu motivieren!

In der *Planungsphase* diskutieren die Schüler die Vorgehensweise und teilen die anstehenden Arbeiten auf: Welche Teilaspekte umfaßt das Thema? Wie gehen wir vor? Wer übernimmt welche Aufgabe? Welche Materialien brauchen wir? Wie beschaffen wir die Materialien? Wer arbeitet mit wem zusammen? Wer hat welche besonderen, für Teile des Projekts nützlichen Fähigkeiten?

Die Planungsphase trainiert die Kommunikationsfähigkeit: zuhören, argumentieren, überzeugen ist gefragt. In dieser Phase kommen oft auch Schüler groß heraus, deren schulische Leistungen weniger brillant sind, die sich aber als hervorragende Organisationstalente oder Beschaffungskünstler erweisen.

Die *Ausführung* geschieht in der Regel in Projektgruppen, die die verschiedenen Teilziele in eigener Regie bearbeiten: Eine Gruppe entwirft Spielfelder, eine andere stellt Schachfiguren her, eine dritte konstruiert ein Klettergerüst.

Dabei lernen die Schüler, soziales Geschick zu entwickeln: unterschiedliche Interessen unter einen Hut zu bringen; Einzelkämpfertum abzulegen und an einem Strang zu ziehen; Verantwortung zu übernehmen. Individuelle Bedürfnisse stoßen an Grenzen, und die Kinder und Jugendlichen üben, mit diesen Grenzen fertig zu werden. Die Arbeitsergebnisse stehen in direktem Zusammenhang mit der eigenen Leistung und stärken daher das Selbstwertgefühl enorm.

Beurteilung. Während der gesamten Projektarbeit werden Vorgehensweise, Teilergebnisse und Gruppensituation kritisch überprüft. Am Schluß wird das Endprodukt unter die Lupe genommen. Die Durchführungsphase mit ihren Problemen wird noch einmal analysiert. Bei diesen Beurteilungen trainieren die Schüler die Fähigkeit, Kritik angemessen zu äußern und ihrerseits Kritik anzunehmen und damit umzugehen.

Freie Arbeit

Klassenzimmer, in denen frei gearbeitet wird, erkennt man auf den ersten Blick. Verschiedene Arbeitsecken sind optisch vom übrigen Klassenzimmer abgetrennt: eine Lese-Ecke, eine Mathe-Ecke, eine Deutsch-Ecke, eine Englisch-Ecke. Sitzpolster, Kissen, Teppiche, Gruppentische schaffen eine gemütliche Atmosphäre – daher das Vorurteil von der »Kuscheleckenpädagogik«. Zu jeder Ecke gehören Regale oder Tische mit geeigneten Büchern, Lexika, Zeitschriften, Anschauungsmaterialien, Karteikästen, Arbeitsblättern, Lernspielen. Manche Materialien steuern die Schüler selbst bei, zum Beispiel Sachbücher, Zeitschriftenartikel, Experimentierkästen, Bilder. Andere Materialien werden vom Etat der Schule oder vom Elternbeirat finanziert.

In bestimmten Stunden können die Schüler aus dem vorhandenen Angebot frei die (Lern-)Aktivitäten auswählen, zu denen sie gerade Lust haben: in einem Buch lesen, ein Mathematikarbeitsblatt lösen, ein Rechtschreiblernspiel in Angriff nehmen, sich über ein Sachthema informieren, ein englisches Kreuzworträtsel lösen. Sie entscheiden außerdem, ob sie allein, zu zweit oder in einer Gruppe lernen. Auch die Wahl des Arbeitsplatzes bleibt den Kindern überlassen: Sie arbeiten an einem Gruppentisch, auf dem Fußboden, am eigenen Platz. Die Kinder können viele Arbeitsergebnisse selbst kontrollieren; andernfalls legen sie sie dem Lehrer vor. Über die durchgeführten Arbeiten führen die Schüler Aufzeichnungen.

Der Lehrer gibt während der freien Arbeit die Fäden weitgehend aus der Hand. Das macht ihn nicht überflüssig, weist ihm aber eine andere Rolle und neue Aufgaben zu: Material bereitzustellen, zu organisieren, zu motivieren, zu ermuntern, zu ermutigen, zu beraten, Fragen zu beantworten, Gespräche zwischen den Schülern zu moderieren.

Neben den kognitiven Lerneffekten ermöglicht freie Arbeit jede Menge emotionaler Lernerfahrungen:

- Freies Lernen macht Spaß.
- Freies Lernen fördert Selbstverantwortung: eine Aufgabe ganz zu Ende bringen; die Ergebnisse kontrollieren; das Anforderungsniveau steigern.
- Freies Lernen erfordert Rücksichtnahme: die Lautstärke in erträglichen Grenzen halten; das Arbeitsmaterial sorgfältig behandeln; auf ein begehrtes Material verzichten.
- Freies Lernen trainiert Teamfähigkeiten: zusammenhelfen, um ein gutes Ergebnis zu erzielen; Konflikte austragen, ohne das gemeinsame Ziel zu gefährden.

Folgenreiche Versäumnisse

Was passiert, wenn die emotionale Erziehung versagt? Wenn ein Kind kein stabiles Selbstwertgefühl entwickelt, seine Enttäuschungen nicht zu verarbeiten lernt, von Ängsten beherrscht wird oder seine Wut nicht angemessen unter Kontrolle bringen kann? Die langfristigen Auswirkungen emotionaler Defizite auf Partnerschaft, Beruf und Gesundheit wurden bereits geschildert. Die Probleme reichen noch weiter: Gewalt, Drogenmißbrauch, Suchtkrankheiten sind für den einzelnen wie für die Gemeinschaft die fatalen Folgen mangelnder emotionaler Kompetenz.

Aggression und Gewalt

Ein Achtjähriger und ein Siebenjähriger geraten in Streit. Plötzlich zieht der Jüngere ein Taschenmesser und sticht mit solcher Wucht zu, daß die Klinge abbricht.

Zeitungsmeldungen dieser Art erschrecken uns, und wir fragen uns, was in der Entwicklung gewalttätiger Kinder falsch gelaufen ist. Die Schuldzuweisungen sind vielfältig: Leistungsdruck in den Schulen, zerrüttete Familien, Werteverlust, Berufstätigkeit beider Eltern, Arbeitslosigkeit. Keine Frage, diese Umstände belasten; sie erzeugen Versagensängste, Einsamkeit, Enttäuschung, Trauer, Wut. Das heißt aber nicht, daß die Betroffenen zwangsläufig zu Vandalen, Schlägern oder Messerstechern werden. Diejenigen, die es gelernt haben, mit Frustrationen umzugehen und Mitgefühl zu empfinden, werden auch dann nicht zur Waffe greifen, wenn sie Tiefschläge erfahren.

Mitleidlose Gewalt

Der amerikanische Psychologe Robert Hare untersuchte im Verlauf einer Studie über Gewalt die Emotionalität von psychopathischen Gewaltverbrechern. Die Psychopathen wurden an Elektroden angeschlossen, und man sagte ihnen, sie würden Elektroschocks erhalten. Sie zeigten angesichts dieser Mitteilung keinerlei physiologische Angstreaktionen wie Schwitzen, erhöhten Herzschlag oder erhöhten Puls. Sie waren offensichtlich nicht in der Lage, sich die Schmerzen vorzustellen, die sie erwarteten. Erst recht können sie sich die Ängste und Qualen ihrer Opfer nicht vorstellen. Daher fehlt bei ihnen jegliche Hemmschwelle, die sie davon abhält, anderen weh zu tun.

Ihr völliger Mangel an Empathie macht Psychopathen zu den gefährlichsten Gewaltverbrechern. Auch bei vielen psychisch »normalen« Gewalttätern ist die Fähigkeit, sich in andere einzufühlen, reduziert. Sie bringen für die Angst und die Schmerzen ihrer Opfer zumindest während der Tat kein Mitgefühl auf.

Wir wissen: Entscheidend für die Empathieentwicklung ist die Bindung an die ersten Bezugspersonen. Wenn Eltern nicht in der Lage sind, einfühlsam auf die Empfindungen ihres Kindes zu reagieren, kann das äußere Ursachen haben: große Belastungen, fehlende soziale Unterstützung oder eine gestörte Beziehung zum Partner. Oft fehlen aber auch die emotionalen Voraussetzungen, das Kind und sich selbst zu bejahen und die Bedürfnisse des Kindes mit den eigenen Interessen in Einklang zu bringen.

Wer Gewalt sät ...

... wird kaum Friedfertigkeit ernten. Kinder, die häufig geschlagen werden, neigen später ebenfalls zur Gewalt und werden häufiger straffällig.

Kinder aggressiver Eltern lernen durch Nachahmung, Konflikte mit Gewalt zu lösen. Sie erleben, daß ihre Eltern bei Zorn oder Enttäuschung schnell aggressiv reagieren. Die gleichen Bewältigungsstrategien wenden sie selbst an, wenn sie die Wut packt. Andere Mittel wie klärende Gespräche haben sie nicht kennengelernt; konstruktive Verhaltensmuster, mit Wut umzugehen, stehen ihnen nicht zur Verfügung. Zudem besagen ihre eigenen Erfahrungen: Mit Gewalt erreicht man sein Ziel. Wenn ihre Eltern sie zur Strafe für ein bestimmtes Verhalten – beispielsweise Schuleschwänzen – geschlagen haben, haben sie dieses Verhalten zumindest für einige Zeit nicht mehr wiederholt. Kein Wunder also, wenn diese Kinder selbst aggressiv werden, sobald ein Gleichaltriger ein Verhalten zeigt, über das sie sich ärgern.

Aggressive Kinder werden häufig Außenseiter in ihren sozialen Bezugsgruppen – auf dem Spielplatz, in der Kindergartengruppe, in der Schulklasse: Die Kinder, die nicht in Schlägereien geraten wollen, halten sich von ihnen fern. Die Folge: Die »Schläger« erleben häufig Frustration und Langeweile – beides Faktoren, die weitere Aggressionen begünstigen. Viele Jugendliche, die bei vandalistischen Aktionen aufgegriffen werden, begründen ihre Tat mit Motiven wie »Spaß« oder »Langeweile«. Hinter der Gewalt ausgegrenzter Kinder steht oft auch die Suche nach Anerkennung und Beachtung: Negative Aufmerksamkeit ist ihnen lieber als gar keine.

Deshalb haben Strafen in vielen Fällen keinen Sinn. Im Gegenteil: Sie werden als irgendwie positiv erlebt. Strafe bedeutet Zuwendung – wenn auch mit umgekehrten Vorzeichen. Kinder und Jugendliche, die aufgrund ihrer mangelnden sozialen Fähigkeiten nicht in ihre Bezugsgruppe integriert sind, finden oft die lang vermißte Anerkennung und Zugehörigkeit in Gruppen, in denen Gewalttätigkeiten auf dem Unterhaltungsprogramm stehen. Hier werden sie in ihrem aggressiven Verhalten bestärkt, da sie genau damit den Respekt der anderen erwerben können.

Um Jugendlichen friedliche Strategien zur Problemlösung zu vermitteln, haben Lehrer einer sauerländischen Gesamtschule ein neues Konzept entwickelt: Streitschlichtung durch Schülerinnen und Schüler. Wenn es zu Konflikten kommt, übernehmen ältere Schüler die Rolle der Moderation bei Schlichtungsgesprächen. Die Idee stammt aus Amerika, wo in einigen Städten Jugendliche über andere, straffällig gewordene Jugendliche zu Gericht sitzen, die Verhandlung führen und die Strafe festsetzen. »Reden statt schlagen« heißt die Lektion, die die Jugendlichen dabei lernen können.

Emotionale Vernachlässigung

Nach neuesten neurobiologischen Untersuchungen verändern Vernachlässigung und Gewalterfahrungen in der Kindheit die Gehirnchemie. Wenn Kinder nur mechanisch versorgt werden, aber keine emotionale Zuwendung erhalten, werden im Gehirn der betroffenen Kinder »biochemische Stolperdrähte gespannt«, wie es der amerikanische Psychiater Craig F. Ferris von der Universität von Massachusetts ausdrückt. Das gleiche passiert, wenn Kinder häufig geschlagen werden. Die Gehirnveränderungen können später Gewaltausbrüche auslösen. Zu dieser Annahme führen Versuche mit Tieren. So bilden sich bei neugeborenen Ratten, die gestreichelt und umhegt werden, im Gehirn mehr spezielle Rezeptoren als bei Ratten, denen keine Zuwendung entgegengebracht wird. In einer Untersuchung mit Rhesusaffen wurde diesen eine geringe Menge eines Aufputschmittels verabreicht. Affen, die mutterlos aufwuchsen, reagierten aggressiv. Affen, die umsorgt aufwuchsen, gerieten durch das Medikament nicht aus der Ruhe.

Kinder, die wenig Liebe erfahren, entwickeln selten eine stabile Emotionalität. Sie neigen zu einem negativen Selbstbild, da sie unbewußt in eigenen Fehlern und Mängeln die Ursache für die geringe Zuneigung der Eltern suchen. Ihr geringes Selbstvertrauen führt zu einer pessimistischen Sichtweise. Mißerfolge werden der eigenen Unfähigkeit zugeschrieben: Schlechte Schulnoten beispielsweise erklären sie mit ihrer mangelnden Begabung. Eine Möglichkeit, die Ergebnisse zu verbessern – zum Beispiel durch aktivere Beteiligung am Unterricht oder intensiveres Üben – sehen sie nicht. Die Mißerfolge wiederholen sich, das negative Selbstbild wird fortwährend bestätigt: ein Teufelskreis. Häufiges Versagen erzeugt Frust und Angst – Gefühle, die potentielle Auslöser für aggressives Verhalten sind.

Um Kindern und Jugendlichen etwas mehr »Nestwärme« zu geben und so Gewalttätigkeiten entgegenzuwirken, entstand 1991 im Lübecker Stadtteil Moisling ein Modellprojekt. Schule, Eltern, Jugendamt, Sportvereine, Polizei und Kirche arbeiteten das Konzept zusammen aus: Es wurden Mittags- und Nachmittagstreffs für Kinder eingerichtet, die auch eine Hausaufgabenbetreuung anboten. Lehrer kochten gemeinsam mit Schülern Mittagessen, ein Zeitungsprojekt und ein Kinderzirkus wurden aufgebaut. Die Erfahrungen nach vier Jahren zeigen: Das Schulklima hat sich verbessert, die Gewalt abgenommen.

Schlagen aus Frust

Waren Sie schon einmal kurz davor, gegen einen Zigarettenautomaten zu treten, nachdem Sie bereits zwei Fünfmarkstücke auf Nimmerwiedersehen darin versenkt, aber keine Zigaretten erhalten haben? Und überkommt Sie nicht auch manchmal die Versuchung, ihren Partner zu packen und zu schütteln, wenn Sie sich völlig unverstanden fühlen?

Frustrierende Ereignisse lösen in den meisten Menschen hin und wieder das Bedürfnis aus, auf etwas oder sogar jemanden loszuschlagen. Ein Bedürfnis, dem die meisten nicht nachgeben – ihre Wertvorstellungen, ihre Selbstachtung, ihre Angst vor Nachteilen hindern sie daran. Wohin nun aber mit dem Frust? Manche werfen schon einmal einen Teller an die Wand, andere reagieren sich beim Sport ab, wieder andere verwöhnen sich mit einem Einkaufsbummel oder sprechen sich den Frust bei einem guten Freund von der Seele. Wie auch immer – sie werden mit ihrem enttäuschten Gefühl fertig, ohne jemand anderen zu schädigen oder zu verletzen.

Kinder, Jugendliche und Erwachsene, die keine brauchbaren Wege kennen, enttäuschte Gefühle auszuhalten und in den Griff zu bekommen, neigen eher dazu, Gewalt auszuüben. In ihrem Gefühlsleben fehlt sozusagen der Überlauf. Wenn Dinge schiefgehen, kommt es zur Überflutung. Manchmal haben oder hatten sie keine Vorbilder. Wenn die Eltern auf Frustrationen gewalttätig reagieren, übernehmen viele Kinder diese Verhaltensmuster.

Es gibt aber noch ein anderes – unter Umständen besonders gut gemeintes – Erziehungsverhalten, das eine geringe Frustrationstoleranz begünstigt: Eltern, die nicht »nein« sagen können oder wollen, jedem Wunsch des Kindes nachgeben, ihre eigenen Bedürfnisse vollkommen zurückstellen und ihrem Kind jede Schwierigkeit aus dem Weg räumen, ersparen ihm damit Enttäuschungen. So verhindern sie Erfahrungen, anhand derer das Kind wichtige emotionale Fähigkeiten trainieren könnte. Angenommen, Ihr Kind hat Angst vor einer anstehenden Schulaufgabe, weil es nicht besonders eifrig dafür gelernt hat. Sie könnten ihm die schlechte Note ersparen, indem Sie es für den Tag der Schulaufgabe krank melden. Abgesehen davon, daß Sie mit Ihrer Mogelei nicht gerade die Ehrlichkeit Ihres Kindes förderten, würde es auch eine wichtige emotionale Lektion verpassen: zu lernen, mit einem Mißerfolg umzugehen.

Alkohol und Drogen

Etwa 2,5 Millionen Menschen in Deutschland sind alkoholabhängig. 300 000 davon sind Kinder und Jugendliche. Jedes Jahr werden 6000 junge Menschen mit Alkoholvergiftung in Krankenhäusern eingeliefert. 4 Prozent aller Schüler sind alkoholgefährdet. 90 Prozent aller Zehn- bis Fünfzehnjährigen trinken zumindest gelegentlich Alkohol.

Die Zahl der Drogenabhängigen in Deutschland schätzt man auf etwa 100 000 bis 200 000. Seit Ende der achtziger Jahre hat die Zahl der Drogentoten kontinuierlich zugenommen. Etwa 25 Prozent aller Kinder und Jugendlichen haben illegale Drogen – meist Haschisch und Marihuana – schon einmal probiert. Etwa 5 Prozent aller jungen Menschen sind drogenabhängig. Seit 1994 spielen beim Drogenkonsum Jugendlicher neue synthetische Drogen wie Ecstasy eine besondere Rolle: Etwa 100 000 Jugendliche schlucken gelegentlich sogenannte Designerdrogen.

Was treibt Menschen in die Sucht?

Wissenschaftler sind sich einig: Suchtkrankheiten werden immer von einem Zusammenwirken vieler Faktoren verursacht. Häufig sind belastende Lebensumstände die äußeren Auslöser für Suchtprobleme: eine instabile Familiensituation, Eheprobleme oder Scheidung der Eltern, ein alkoholabhängiger Elternteil, Schulprobleme, Pubertätsprobleme, Verlust des Arbeitsplatzes, berufliche Überforderung. Auch gesellschaftliche Aspekte sind mitverantwortlich: Konsumdenken der Wohlstandsgesellschaft; Orientierungslosigkeit durch den zunehmenden Verlust traditioneller Werte und Normen; Anonymität in Großstädten, Wohnsilos, großen Schulen; Entwurzelung durch hohe Mobilität.

Dennoch: Keiner der bisher genannten Faktoren führt zwangsläufig zu Alkohol- oder Drogenmißbrauch. Nicht jedes Kind, das die Scheidung der Eltern miterlebt, wird drogensüchtig. Nicht jeder Erwachsene, der arbeitslos wird, greift zum Alkohol. Nicht jeder, der öfter den Wohnort wechselt, verfällt einer Sucht. Nicht alle Kinder alkoholabhängiger Eltern werden selbst alkoholkrank. Ob Menschen auf belastende Erfahrungen tatsächlich mit Suchtverhalten reagieren oder nicht, hängt entscheidend davon ab, wie sie emotional mit schwierigen Situationen und Erfahrungen umgehen.

Wie wirkt Alkohol auf die Gefühle?

Psychologen stimmen darin überein, daß Alkohol als Bewältigungsmittel gegen störende Emotionen eingesetzt wird. Der chronische Alkoholkonsument versucht nicht, die problematischen, streßverursachenden Lebensumstände (zum Beispiel Trennung vom Partner) zu bewältigen, sondern die daraus resultierenden, negativen Gefühlszustände (zum Beispiel Einsamkeit, Bedrohung des Selbstwertgefühls).

Alkoholkonsum reduziert die Selbstaufmerksamkeit. Menschen mit hoher Selbstaufmerksamkeit reagieren auf Mißerfolge mit starken Selbstzweifeln. Sie neigen dazu, alle Schuld ausschließlich bei sich selbst zu sehen: »Ich habe alles falsch gemacht. Wäre ich interessanter, attraktiver, fröhlicher, erfolgreicher usw., wäre es nie zur Trennung gekommen«. Da unter Alkoholeinfluß die Selbstwahrnehmung verringert wird, kann sich der Betroffene (vorübergehend) seiner negativen Selbsteinschätzung entziehen.

Was man unter dem Einfluß von Alkohol sagt oder tut, kann man auf die Wirkung des Alkohols schieben. Erfolgsorientierte Menschen befürchten in Situationen, in denen sie sich überfordert fühlen, daß sie ihr Image verlieren. Wenn sie in solchen Situationen zum Alkohol greifen, tun sie es, um den eventuellen Mißerfolg notfalls der Wirkung des Alkohols zuschreiben zu können: »Ohne die zwei Gläser Sekt hätte ich auch eine so witzige Rede halten können wie Max.« Damit schützen sie die Erhaltung ihres Selbstbildes.

Bekanntlich löst Alkohol die Zunge. Menschen, die im Umgang mit anderen schüchtern, gehemmt, verkrampft sind, fürchten die soziale Ausgrenzung oder sind tatsächlich in einer Außenseiterrolle. Um lockerer zu werden, greifen sie in sozialen Situationen – zum Beispiel beim Diskothekenbesuch oder beim Betriebsfest – zum Alkohol.

Alkohol in geringen Mengen hebt die Stimmung: Bei geringem Alkoholkonsum werden Beta-Endorphine freigesetzt. Beta-Endorphine sind Belohnungstransmitter im Gehirn, die euphorische Gefühle verursachen und das Streßerleben mindern. Menschen mit mangelnder positiver Grundstimmung versuchen, durch Alkohol ihre Stimmung zu verbessern. Daß dies beim ersten Glas Wein gelingt, verleitet sie dazu, auch ein zweites und drittes Glas zu trinken. Nun wird bei hohem Alkoholkonsum die Beta-Endorphin-Produktion stark reduziert. Dennoch versuchen die Betroffenen, die anfängliche positive Wirkung des Alkohols wieder zu erneuern: Der Alkoholkonsum wird gesteigert und wiederholt.

Wie wirken illegale Drogen auf die Gefühle?

Bei den illegalen (wie auch bei den legalen) Drogen unterscheidet man natürliche und synthetische Drogen. Natürliche Drogen basieren auf pflanzlichen Stoffen: Haschisch, Marihuana, LSD, Meskalin, Kokain, Opium, Morphium, Heroin etc. Zunehmende Bedeutung erhalten in den letzten Jahren synthetische Drogen, die auf chemischem Weg hergestellt werden, wie zum Beispiel Ecstasy.

Drogen manipulieren Wahrnehmungsprozesse und Stimmungen: Opiate (Opium, Morphium, Heroin) erzeugen anfänglich Euphorie, danach ein Gefühl der Entspannung. Kokain bewirkt Glücksgefühle und einen starken Drang nach Aktivität. Halluzinogene wie LSD und Meskalin führen zu irrealen Wahrnehmungen.

Der Drogenkonsument empfindet eine scheinbare Problembewältigung: Er kann seinen inneren Streß reduzieren, mühelos seine Stimmungen positiv beeinflussen und eine subjektiv empfundene Leistungssteigerung bewirken. Neben der körperlichen Abhängigkeit entsteht die psychische: Der Süchtige ist abhängig von dem emotionalen Zustand, in den die Droge ihn versetzt – und den er anders nicht zu erzeugen in der Lage ist.

Emotionale Risikofaktoren

Wer sich selbst in gute Stimmung versetzen kann, ist weniger anfällig dafür, Glücksgefühle im Alkohol oder gar im Kokain zu suchen. Und wer in der Lage ist, negative Gefühle wie Angst, Enttäuschung, Wut zu beschwichtigen, braucht in Streßsituationen keine Opiate.

Anders Menschen mit emotionalen Defiziten: Sie verfügen oft nicht über ausreichende Strategien, mit Problemsituationen fertigzuwerden. Weit stärker als emotional Stabile neigen sie dazu, in eine Sucht zu fliehen.

Geringe Frustrationstoleranz. Man hat festgestellt, daß Drogenabhängige auffallend häufig überbehütende Eltern hatten. Kinder, denen alle Schwierigkeiten aus dem Weg geräumt werden, entwickeln keine angemessene Selbstkontrolle: Sie wurden nicht ermutigt, Durststrecken zu überstehen. Weil Schwierigkeiten soweit wie möglich von ihnen ferngehalten wurden, hatten sie wenige Gelegenheiten, mit Niederlagen und Enttäuschungen umzugehen, aber auch wenige Gelegenheiten, ihr Selbstwertgefühl durch die Bewältigung eines Problems zu stärken. Später neigen sie eher dazu, Drogen zu nehmen, wenn sie mit schwierigen Situationen konfrontiert sind. »Das Haupt-Einfallstor zur Sucht« – so der Jugendforscher Klaus Hurrelmann – »ist das Bedürfnis, etwas Unangenehmes zu verdrängen und sich scheinbar bessere Erlebnisse zu verschaffen.«

Mangelnde Nestwärme. Menschen, die in früher Kindheit kaum Liebe und Geborgenheit erfahren haben, haben oft Probleme, sich selbst anzunehmen: Wer nicht geliebt wird, hält sich selbst nicht für liebenswert. Vielen Menschen, die in ihrer Kindheit keine verläßliche Bindung erfahren haben, gelingt es auch später nicht, stabile Bindungen aufzubauen. Ihr Vertrauen in sich und andere ist gering: Ihnen fehlt das Urvertrauen und damit die Voraussetzung, sich dem Leben mutig zu stellen. Da sie aus sich selbst heraus keine Befriedigung finden können, erfüllen sie ihre Sehnsucht nach Glücksgefühlen im Drogenrausch.

Literaturverzeichnis

Basler, Heinz-Dieter et al. (Hg.). *Psychologische Schmerztherapie. Grundlagen, Diagnostische Krankheitsbilder, Behandlung.* Springer, 1990.

Bäuerle, Siegfried (Hg.). *Der suchtgefährdete Schüler. Eine Herausforderung für Lehrer, Eltern und Schüler.* Wolf Verlag, 1993.

Bäuerle, Siegfried. »Zum Suchtverhalten von Kindern und Jugendlichen.« In: *unterrichten und erziehen.* Juli/August 1995.

Birnbaum, Jesse. »Square Pegs in the Oval Office?« In: *Time Magazine,* 2. Oktober 1995, Band 146, Nr. 14.

Bordewieck, Eckart / Talkenberger, Peter (Hg.). *Zahnmedizin im 3. Jahrtausend. Wie heute schon (fast) jedes Zahnproblem gelöst werden kann.* Möwe Verlag, 1991.

Breuer, Gisela. *Freie Arbeit im 1. und 2. Schuljahr.* Oldenbourg Verlag, 1994.

Carnegie, Dale. *Wie man Freunde gewinnt.* Bertelsmann, o.J.

Csikszentmihalyi, Mihaly. Flow. *Das Geheimnis des Glücks.* Klett-Cotta, 1992.

Damasio, Antonio. *Descartes' Irrtum. Fühlen, Denken und das menschliche Gehirn.* Paul List Verlag, 1995.

Degen, Rolf. »Die Wut im Bauch ist ein Pfahl im Herzen. Ist Ärger das eigentliche Infarkt-Risiko?« In: *Psychologie heute,* Mai 1994.

Domke, Horst. »Gedanken zum Gewaltproblem in der Schule«. In: *Pädagogische Welt.* März 1994.

Eysenck, Hans J. *Intelligenz. Struktur und Messung.* Springer-Verlag, 1980.

Ferguson, Marilyn. »Irgendwo anfangen ... Die Kraft der Visionen.« In: *Psychologie heute*, August 1990.

Fischaleck, Fritz. *Faires Streiten in der Ehe. Partnerkonflikte besser lösen.* Herder, 1986.

Gardner, Howard. *Abschied vom IQ.* Klett-Cotta, 1994.

Geissner, Edgar / Jungnitsch, Georg (Hg.). *Psychologie des Schmerzes. Diagnose und Therapie.* Psychologie Verlags Union, Weinheim 1992.

Gibbs, Nancy. »The EQ Factor.« Internet: http://frostbite.umd.edu/(cass/ text/ eq.html.

Goleman, Daniel. *Emotionale Intelligenz.* Carl Hanser Verlag, 1995.

Goleman, Daniel. »What's Your Emotional Intelligence Quotient?« Internet:http://www.utne.com/cgi-bin/eq.

Gordon, Thomas. *Parent Effectiveness Training. The ›No-Lose‹ Program for Raising Responsible Children.* Peter H. Wyden Inc., 1972.

Gordon, Thomas. *Teaching Children Self-Discipline: At Home and at School.* Times Books, 1989.

Gorden, Thomas. Familienkonferenz. *Die Lösung von Konflikten zwischen Eltern und Kind.* Wilhelm Heyne Verlag, 1989

Gordon, Thomas. *Die neue Familienkonferenz. Kinder erziehen, ohne zu strafen.* Wilhelm Heyne Verlag, 1994

Greenspan, Stanley J. / Greenspan, Nancy T. *Das Erwachen der Gefühle. Die emotionale Entwicklung des Kindes.* Piper, 1988.

Hafemann, Michael. »Die Biologie der Humanität. Ein Interview mit Bernhard Hassenstein.« In: *Psychologie heute,* Februar 1991.

Hasenbring, Monika. *Chronifizierung bandscheibenbedingter Schmerzen. Risikofaktoren und gesundheitsförderndes Verhalten.* Schattauer, 1992.

Heide, Christine. »Gewalt unter Kindern: So ist sie zu stoppen.« In: *Eltern,* Juli 1992.

Heide, Christine. »Kinder brauchen Frust. In: *Eltern,* Mai 1996.

Henkel, Imke. »Schlichten statt Schlagen.« In: *Süddeutsche Zeitung,* 23. Mai 1996.

Imoto, Yoko / Yamazaki, Yoko. *Muck, der kleine Igel.* Dr. Hans Peters Verlag, 1993.

Kahle, Werner / Leonhardt, Helmut / Platzer, Werner. *Taschenatlas der Anatomie. Nervensystem und Sinnesorgane.* Thieme, 1979.

Kinder, Melvyn. *Machen Sie das Beste aus Ihren Stimmungen.* Knaur, 1996.

Knopf, Michael. »Wo der Kunde Bettelmann ist.« In: *Süddeutsche Zeitung*, 28. Mai 1996.

Kolb, Byran / Whishaw, Ian Q. *Neuropsychologie.* Spektrum Akademischer Verlag, 1993.

Kret, Ernst. *Anders Lernen. Tips für den offenen Unterricht. Lernideen für Schüler, Eltern und Lehrer*. Veritas-Verlag, 1993.

Lazarus, Arnold. *Fallstricke der Liebe. Vierundzwanzig Irrtümer über das Leben zu zweit.* Klett-Cotta, 1991.

»Das Märchen von König Kunde. Service in Deutschland«. Eine Fernsehsendung der ARD, ausgestrahlt am 22. Mai 1996.

Martens, Erika. »Stark auf langen Strecken.« In: *DIE ZEIT*, 31. Mai 1996.

McGinnis, Alan Loy. *Optimismus ist besser. Wie sich die stärkste Lebenskraft erlernen läßt.* Scherz Verlag, 1992.

Müller, Matthias M. »Die Kunst des Ärgerns.« In: *Psychologie heute*, April 1990.

Müller-Bardorff, Helga. *Freie Arbeit in der Grundschule. Impulse für eine individuelle Förderung der Schüler*. Domino Verlag, 1992.

Nuber, Ursula. »Wie normal sind Depressionen?« In: *Psychologie heute,* März 1994.

Nuber, Ursula. »Wir singen dasselbe Lied mit unterschiedlichen Stimmen.« In: *Psychologie heute*, Januar 1994.

Nuber, Ursula. »Die Angst vor den anderen.« In: *Psychologie heute,* März 1996.

Oatley, Keith. »Wozu brauchen wir Gefühle?« In: *Psychologie heute*, Januar 1990.

Ohm, Dietmar. *Psyche, Verhalten und Gesundheit.* TRIAS-Thieme Hippokrates Enke, 1990.

Ohoven, Mario. *Die Magie des Power-Selling. Die Erfolgsstrategie für perfektes Verkaufen.* Verlag Moderne Industrie, 1991.

Perrez, Meinrad / Minsel, Beate / Wimmer, Heinz. *Was Eltern wissen sollten. Eine psychologische Schule für Eltern, Lehrer und Erzieher.* Otto Müller Verlag, 1985.

Plutchik, Robert. *The Psychology and Biology of Emotion.* Harper Collins, 1994.

Rahn, Horst-Joachim. *Betriebliche Führung*. Friedrich Kiehl Verlag, 1990.

Roissant, Alexander. *Ganzheitliche Zahnheilkunde.* Haug Verlag, 1985.

Salovey, Peter / Mayer, John D. »Emotional Intelligence.« In: *Imagination, Cognition and Personality*, 9/1990.

Schulz von Thun, Friedemann. *Miteinander reden. Störungen und Klärungen.* rororo, 1989.

Seligman, Martin E.P. *Pessimisten küßt man nicht. Optimismus kann man lernen.* Droemer Knaur, 1991.

Semler, Gert. »Wie Moderatoren mit dem Körper sprechen.« In: *Süddeutsche Zeitung,* 25./26./27. Mai 1996.

»Spur der Gewalt.« In: *DIE ZEIT*, 9. April 1996.

Sternberg, Robert J. *Beyond I.Q.* Cambridge University Press, 1985.

Szezesny-Friedmann, Claudia. *Die kühle Gesellschaft. Von der Unmöglichkeit der Nähe*. Kösel Verlag, 1990.

Tannen, Deborah. *Du kannst mich einfach nicht verstehen. Warum Männer und Frauen aneinander vorbeireden.* Ernst Kabel Verlag, 1991.

Teufel, Ulrich. »Manager: Es fehlt an sozialer Kompetenz.« In: *Psychologie heute,* Juni 1991.

Thompson, Richard F. *Das Gehirn. Von der Nervenzelle zur Verhaltenssteuerung.* Spektrum, o.J.

Topel, Helga. »Das höchste Glück. Warum Leistung euphorisch macht.« *Psychologie heute*, April 1994.

Ulich, Dieter/Mayring, Philipp. *Psychologie der Emotionen.* Kohlhammer, 1992.

Vester, Heinz-Günter. *Emotion, Gesellschaft und Kultur.* Westdeutscher Verlag, 1991.

Volk, Hartmut. »Mentale Fitneß durch Denkhygiene.« In: *Süddeutsche Zeitung,* 11./12. Mai 1996.

Wettingfeld, B. »Zähne und Psyche. Es gibt keine Krankheit ohne seelische Ursachen.« In: *Deutsche Zeitschrift für Biologische Zahnmedizin*, 8/2, 1992.

»Wie Gedanken und Gefühle das Immunsystem beeinflussen.« (Ein Gespräch mit David Felten). In: *Psychologie heute,* Mai 1994.

Wiesendanger, Harald. »Einfühlsame Gehirne.« In: *Psychologie heute,* April 1989.

Wolf, Axel. »Ärger: Was tun gegen das Killergefühl?« In: *Psychologie heute,* April 1996.

HEYNE BÜCHER

Erich Fromm

Schriften aus dem Nachlaß

Die nachgelassenen Schriften des großen Sozialpsychologen, Philosophen und Humanisten zeigen seinen gedanklichen Reichtum, sein immenses Einfühlungsvermögen und seine Fähigkeit zu scharfsinnigen Analysen.

Vom Haben zum Sein
Wege und Irrwege der Selbsterfahrung
19/5050

Von der Kunst des Zuhörens
Therapeutische Aspekte der Psychoanalyse
19/5051

Die Entdeckung des gesellschaftlichen Unbewußten
19/5052

Das jüdische Gesetz
Zur Soziologie des Diaspora-Judentums
19/5053

Ethik und Politik
Antworten auf aktuelle politische Fragen
19/5054

Die Pathologie der Normalität
Zur Wissenschaft vom Menschen
19/5055

Gesellschaft und Seele
Sozialpsychologie und psychoanalytische Praxis
19/5056

Humanismus als reale Utopie
Der Glaube an den Menschen
19/5057

Alle 8 Bände sind auch in einer Kassette lieferbar.

Heyne-Taschenbücher